LK
27767

LETTRE
SUR
MERS
FROIDEVILLE, BLINGUES ET ROMPVAL

PAR

Oct. THOREL

Membre de l'Académie d'Amiens

RÉPONSE

PAR

A. JANVIER

Président de la Société des Antiquaires de Picardie
Membre de l'Académie d'Amiens

Prix : 1 Fr. 25 c.

EN VENTE	EN DÉPOT
miens, chez M. E. Hecquet-Bert, libraire-éditeur, rue bre, n° 32.	à Mers, pendant la saison des bains, chez M. E. Houbbine, propriétaire, Plage, n° 18.

1891

LETTRES SUR MERS

LETTRE
SUR
MERS
FROIDEVILLE, BLINGUES ET ROMPVAL
PAR
OCT. THOREL
Membre de l'Académie d'Amiens

RÉPONSE
PAR
A. JANVIER
Président de la Société des Antiquaires de Picardie
Membre de l'Académie d'Amiens

Prix : 1 Fr. 25 c.

EN VENTE	EN DÉPOT
à Amien, chez M. E. HECQUET-DÉCOPART, libraire-éditeur, rue Delambre, n° 32.	à Mers, pendant la saison des bains, chez M. E. HOUDBINE, propriétaire, Plage, n° 18.

1891

Amiens, le 1ᵉʳ avril 1891.

Mon Cher Confrère,

Le savez-vous bien ? Mais c'est un fier pensum que vous m'avez donné le jour où, l'an dernier, vous m'avez défié de faire une notice sur Mers.

Les Mersois n'ont pas d'histoire. Tant mieux pour eux, dit-on. Mais leur historien ? Tant pis pour lui, pensez-vous, peut-être.

Eh bien ! Non ; car ce travail a prolongé mes vacances et ma pensée là-bas, sur la plage où l'on est si bien ; et puis vous ne soupçonnez pas une découverte qui en a découlé comme de source. Mon ignorance m'a servi de carte d'entrée auprès de savants aimables, géologues, naturalistes, linguistes, antiquaires, vieillards du cru (1). Ils ont

---

(1) Je dois ici adresser les témoignages de toute ma gratitude à MM. R. de Guyencourt, Boudon, Pinsard et de Louvencourt, de la Société des Antiquaires de Picardie ; M. de Mercey ; MM. les Conservateurs des Bibliothèques d'Abbeville, Dieppe et Amiens ; MM. les Curés de Mers (Somme) et Mers (Indre) ; MM. Margris, instituteur, C. Le Bœuf et Dimpre, propriétaires à Mers ; M. le Dʳ Peugniez, d'Amiens ; M. Peyssonnié, procureur de la République à Orléans ; enfin M. E. Houdbine, un « plagiste » passionné de Mers.

fouillé dans leurs souvenirs, moi dans des bouquins; et c'est ainsi que je vous rapporte cette notice.

Elle ne vaut, en dehors de leur érudition, que par la bonne volonté que j'y ai mise.

Bref, j'ai fait « *de mon mieulx.* »

Un historien de race, avant de pénétrer dans le temple de Clio, ne manque jamais de s'asseoir sur les marches du péristyle, et, jetant un long regard circulaire sur la plaine qui l'entoure, d'en respirer l'air encore tout imprégné des souvenirs du passé.

Vieux jeu, n'est-ce pas ? long, surtout. Ne vaut-il pas mieux essayer de chercher quelque chose que vous puissiez ignorer ? Je suis sûr au moins d'être bref.

Une *étude géologique* de Mers nous entrainerait bien loin (1).

Qu'il vous suffise de savoir que nous foulons en ce moment un *sol antique*. Car « certaines plantes spéciales qui ne se rencontrent pas ailleurs dans nos limites pourraient donner lieu de supposer que la formation des terrains de la Vallée de la Bresle date d'une époque antérieure à celle du Bassin de la Somme » (2).

Fort de cette découverte, je remontai donc cette Vallée où un géologue distingué me réservait une autre surprise.

---

(1) V. Butteux, géolog. du dép. de la Somme, Abbeville, Briez, 1865. — Fl. Lefils, géog. historique et populaire des communes de l'arrondissement d'Abbeville, Abbeville, Gamain, 1868. — N. de Mercey, Système de la Basse-Somme, Meulan, 1881.

(2) Géranium Sylvaticum, Libanotis montana, Rumex maximus, Polygonum bistorta, Ruscus aculeatus, Phalangium ramosum, Luzula maxima, etc. Flore du dép. de la Somme, par Eloy de Vicq, Abbeville, Prévost, 1883, p. XIV. — La rivière Phrudis de Ptolémée s'appliquait-elle à la Somme ou à la Bresle ???

« Dans une partie de la plaine du Vimeu, le terrain diluvien offre un lit de poussière noire et de lignites terreux, atteignant 0^m 33 à Franleu et à Bourseville. Il provient soit de végétaux déposés lors de la formation du diluvium, soit peut-être de lignites enlevés au terrain tertiaire, ce qui rend très probable la découverte récente de plusieurs morceaux de succin *(ambre jaune)* dans des lignites terreux à *Bouvaincourt* » (1).

Ce « peut-être », ce « très probable » s'ils témoignaient de la conscience de M. Buteux, ne rassuraient guère la mienne.

J'écrivais donc à M. de Mercey qui, le 22 février 1891, me répondait : « C'est à *Breuilly*, près d'Incheville, qu'ont été trouvés les morceaux d'ambre. Comme j'ai recueilli, en 1876, des silex taillés et des polissoirs sur l'emplacement de la fouille, j'ai pensé que ces morceaux avaient pu être importés. En réalité, l'ambre n'a pas été observé dans un gisement, bien qu'il existe dans le voisinage des lambeaux de terrain tertiaire inférieur » (2).

Le voisinage de la mer, la découverte de l'ambre à côté des silex taillés commençaient à tourmenter ma candeur naïve ; mes amis, les plus malins, ne voyaient-ils pas dans tout cela l'existence à Breuilly d'une fabrique de pipes d'écume de mer préhistorique ?

N'y tenant plus, j'allais à Eu pour de là me rendre à Breuilly, quand j'eus la bonne fortune d'y rencontrer l'inventeur du prétendu gisement d'ambre.

M. Varambaux me montra des échantillons d'ambre

---

(1) Buteux, op. cit. p. 77. — Rambosson, les pierres précieuses, Paris, Didot, 1870.
(2) O. Thérin. Tréport, Eu et les environs. p. 91. « Près d'Incheville, au val de Mortagne, on a découvert en 1856 un cimetière du IVe ou du Ve siècle. Tout près, on a ramassé, depuis quelques années, de l'ambre jaune ; un morceau pesait 195 grammes. » Tréport, Jacob, 1874.

qu'il trouva, en 1872, sur le territoire d'Incheville, 115 mètres d'altitude, *au camp de Mortagne*, ancienn station où abondent des silex taillés. Au surplus ajouta-t-il, voici ce que j'écrivais, le 17 septembre 187 à une société savante de Rouen : « C'est au camp d
« Mortagne que se trouve l'ambre à l'état natif. J'a
« été amené à cette conviction en examinant attentive
« ment les fouilles qui ont été faites pour son extractio
« Ainsi l'ambre se trouve à 0ᵐ80 de profondeur. Avan
« de rencontrer des morceaux de résine parfaitemen
« pétrifiés, on trouve, à une profondeur moindre, d
« petits morceaux à moitié résineux et friables ; pui
« on voit des espèces de petites veines ressemblant a
« soufre par la couleur, n'ayant pas plus de quelque
« millimètres d'épaisseur et une longueur de 4 à 6 cen
« timètres. On est presque sûr de trouver immédiate
« ment au-dessous des morceaux isolés dont le poid
« varie de 100 à 500 grammes. Cet ambre est auss
« beau que celui des côtes de la Baltique ».

M. Varambaux ne me parut plus aussi affirmati qu'en 1872, car il reprit aussitôt : « Reste à savoir si, a
« contraire, l'ambre ne serait là qu'en dépôt dans l'an
« cienne station. » (1)

M. de Mercey devrait bien, dans l'intérêt de la science retourner au camp de Mortagne, pour résoudre, e définitive, le problème de « *la pierre qui brûle* ».

J'en aurais fini, mon cher Confrère, avec ces prélimi naires, n'était la *Flore* de nos parages qui offre a botaniste deux raretés auxquelles vous ne vous atten diez guère.

Sur les éboulements et dans les fissures de no

---

(1) Il n'y a pas d'argument à tirer de la présence à côté d'Inche ville du village d'Embreville. D'abord, il s'écrit par un E ; et l'é tymologie probable en est : Ambert Ville.

falaises, quelquefois à 95 mètres au-dessus du niveau de la mer, croît le Brassica oleracea, *le chou sauvage*, remarquable par ses touffes garnies de fleurs jaunes et de nombreuses siliques. La station de cette plante sur ces lieux éloignés des habitations ne peut laisser aucun doute sur son état spontané. C'est probablement le type de nos choux cultivés.

Aux bois de Blingues, de Rompval et de Cizos croît communément le *géranium sylvaticum* avec ses grandes fleurs d'un beau violet lilas, ses longs pétales et ses coques velues à poix glanduleux. Or, cette plante ne se rencontre guère que dans les prairies des montagnes des Vosges, du Jura et du Dauphiné (1).

Au point de vue des vertébrés, la *Faune* de Mers ne présente rien de particulier.

En revanche, entre Mers et Ault, se découvrent, à mer basse, quelques roches sur lesquelles le touriste pourra étudier des *spongiaires*, des *mousses*, des *polypes*, des *actinies œillets*, ces animaux-fleurs de la mer (2), toutes bien étranges et jolies choses, qui ne pourraient que perdre à être baptisées de leur nom scientifique.

Mais, puisque nous en sommes aux noms de baptême, quelle peut bien être *l'Etymologie de* MERS ?

Mers est, suivant Varron, le nom que les anciens habitants de l'Italie donnaient à Mars (3). Passons, n'est-ce pas ?

Du commencement du IXᵉ siècle à la Révolution, Mers est désigné dans les actes publics de dix manières

---

(1) De Vicq, Flore du département de la Somme, p. 33 et 38. — Id. de la végétation sur le littoral du département de la Somme, p. 102 et 104, Paris, Savy, 1876.

(2) J. Pizetta, les Secrets de la Plage, Paris, Brunet, 1869. — Communication de M. de Villepoix, d'Abbeville.

(3) Dom Grenier, p. 107.

différentes (1). Il semble donc que je n'aie que l'embarras du choix. Eh bien ! non, mon cher ami, je deviens si chercheur que tout cela ne m'a pas satisfait, et voici pourquoi :

Il y a trois ans, un professeur de l'Université de Baltimore, *M. Elliot*, avait remarqué dans le Français Canadien actuel des mots qui ne figurent dans aucun dictionnaire. Pensant qu'ils devaient se rapporter aux choses de la marine, il parcourut toute la côte de Brest à Calais; et, guidé par trois pilotes picards distingués, MM. Daussy, Devauchel et Jouancoux, il finit par découvrir, près de Rue, les mots tant cherchés (2).

Mais alors ne peut-on pas admettre qu'il soit venu ici, à une époque fort reculée, un navire parti de la côte d'Afrique.... de *Mers-el-Kebir*, par exemple, le *Portus Magnus* des Romains ? N'avons-nous pas *Port-le-Grand*

---

(1) *Maris*, IXe siècle, diplôme de Louis le Débonnaire, Dom Grenier. — 831, Dénombrement de l'abbaye de Centule (Saint-Riquier) — 811, 815, Diplôme — 1159, Thierry, évêque d'Amiens. *Maire*, 1111, gallia christiana. — *Merck*, 1200 ? — *Merchi*, XIIe siècle, Louandre, Topog. du Ponthieu. — *Mere*, XIIe siècle ibidem. — 1223 ? Dom Grenier. — *Mers*, 1310, cartulaire du Tréport. — XIIe siècle, Dénombrement des Seigneurs de Saint-Valery, Règne de Philippe-Auguste. — 1646, Histoire ecclésiastique d'Abbeville. — 1710, de Fer, les côtes de France. — 1757, Cassini. — 1763, Expilly. — 17 Brum. an X. — *Mamers*, 1648, Pouillé général. — *Mer*, 1630, de Fer, op. cit. — *Mars*, 1764, Bellin, atlas maritime. — *Mammers*, M. de Cagny, Dioc. d'Amiens. (Dictionn. topog. du dép. de la Somme, V° Mers, par J. Garnier, Amiens, Douillet, 1878.)

J'ai de plus relevé *Merse*, sur un plan de M. de la Guère, Ingénieur ordinaire du Roy au Tréport, de 1692. (Collection de M. Varambaux). — *Maribus*, 1101, voir infra, en note.

Il se peut même qu'une autre orthographe primitive de Mers m'échappe encore, car les vieux du pays disent un *Merdais* et non un Mersois, comme un Trépordais et non un Tréportais ; témoin ce refrain d'une chanson :

« Non ! les Merdais n'sont pas si fous
« De s'en aller sans boire un coup »

(2) En 1541, François de la Roque, que François 1er appelait le petit roi de Vimeu, partit avec cinq vaisseaux et se rendit au Canada, où il fonda la colonie du cap Breton ; Ch. Louandre, Histoire d'Abbeville et du Comté du Ponthieu, t. II, p. 301, in fine — Paris, Joubert, 1844.

au fond de la baie de Somme ? Le nom de *Mers*, sans autre qualificatif, suffisait bien pour désigner notre port, et, par suite, le pays lui-même.

Soit ! me direz-vous, si, à Mers, il y avait ne serait-ce qu'une petite crique.

D'abord, il ne faut pas perdre de vue qu'il y a port et port et que, au temps inconnu dont nous parlons, les bateaux primitifs calaient fort peu.

Par l'induction seule, on pourrait déjà dire qu'à Mers, il y avait alors un port. Oyez plutôt : Vous connaissez Ste-Adresse entre le cap de la Hève et le Havre. Eh bien ! *Ste-Adresse et Mers, c'est tout un*, au point de vue qui nous occupe (1).

Constatons d'abord l'orientation des deux plages qui est la même, N.-O.

Là-bas, la Hève s'éboule comme ici la falaise ; là-bas, le courant de la Seine faisait remonter le fond de la mer de chaque côté de son chenal, comme ici la Bresle ; là-bas, à mer basse, dans les grandes marées d'Equinoxe, on découvre à 600 mètres du rivage actuel un rocher, le Banc de l'Eclat, où fut autrefois l'ancien Chef de Caux et son église Saint-Denis, disparus entre 1369 et 1373. Ici, dans ces mêmes marées, émergent, à un demi-kilomètre au large, trois bancs d'huîtres que l'on appelle les Aiguillettes, la roche Berthe et *la roche Saint-Martin*. Remarquons en passant que c'est sous le vocable de ce Saint qu'est l'Eglise de Mers. Là-bas, entre le chef de Caux et la Seine, il y avait un port ; donc ici, dans les mêmes conditions et toutes choses égales d'ailleurs, il y avait un port.

Comme c'est simple, cela ; et voilà qu'un fait historique vient confirmer ces déductions.

---

(1) A. Martin, histoire du chef de Caux et de Ste-Adresse, p. 60 et suiv. Fécamp, Durand, 1881.

On trouve à *Noyelles-sur-Mer* (1) des objets de la plus haute antiquité. M. Lefils pense même que les Phéniciens ont remonté l'embouchure de la Somme. Dans une fouille relativement récente, faite à la Briqueterie, en 1835, M. Frère, docteur en Sorbonne, découvrit des têtes d'hommes, auxquelles il n'hésita pas à donner une origine Nubienne. A côté des corps décapités, placés sur un fond de craie, étaient des figurines Egyptiennes.

De la Somme à la Bresle, il n'y a qu'un pas. Enfin, je tenais donc une étymologie historique de Mers, quand on vint m'enlever toutes mes illusions, en m'apprenant qu'un navire était venu échouer dans la baie de Somme, au commencement de ce siècle, et qu'il était chargé de curiosités exotiques, disséminées aujourd'hui dans des collections particulières et des musées de province.

Encore un de ces déboires auxquels sont trop exposés les historiographes de rencontre !

Dès lors, j'en suis réduit à être tout bonnement de l'avis des savants qui ne voient dans le mot Mers que l'idée d'eau stagnante, figurée par le radical *Mar ou Mer*, que vous retrouverez dans Marouil, Aoust-Marais, Merlimont, etc. (2).

Mais le déluge ? Rassurez-vous, mon cher confrère ; je fais mieux que d'y arriver ; je le passe, pour aborder l'histoire de Mers.

Vous n'attendez pas de moi, sans doute, de faits précis sur Mers, en ces *temps préhistoriques* qui, sans point

---

(1) F. Lefils, mélanges sur la topog., l'archéol. et l'histoire des côtes de Picardie, p. 321 ; Paris, à la Société française, 1859.

(2) « Rien dans le dictionnaire historique de l'Indre n'indique clairement l'étymologie du mot Mers. Est-ce une corruption du nom de Radolphus de Merno (1237) ?? — Peu de temps après (1280), on voit la paroisse écrite sous le nom de *Maers Parochia* — S'il faut en croire la tradition locale, ce nom viendrait de la grande quantité d'eau qui couvre encore les immenses prairies qui bordent l'Indre et la Vauvre et réunit ces cours d'eau ensemble.... » — Communication de M. Voisin, curé de Mers (Indre).

de départ connu, se terminent deux ou trois siècles avant l'ère Chrétienne.

Les spécimens de l'industrie primitive de l'homme ne manquent pas à Mers ; mais sont-ils une preuve de la présence de l'homme préhistorique dans ces parages ? Je n'oserais l'affirmer, car il est à peu près certain que l'on a continué à façonner des hachettes de pierre et surtout de bronze pendant l'époque Gallo-Romaine et même au-delà. Je le crois aisément ; il n'y a pas si longtemps qu'on en faisait encore à Saint-Acheul, aux portes d'Amiens.

D'un pied léger, enjambons de les années.

César (57 ans avant Jésus-Christ), a envahi la Gaule qui, pendant cinq siècles environ, devait rester sous la *domination Romaine*.

Les Romains avaient établi des camps notamment à Tirancourt, à l'Etoile, à Liercourt, à Caubert (1) ; à Eu même ils avaient une station importante (2).

Une grande voie avait été tracée par eux, partant d'Amiens, (du 1ᵉʳ pont de Saveuse sur la route de Mollions-Vidame), passant à la ferme de Grâce, Ailly, Saint-Christ, Soues, le Quesnoy, Airaines, Allery, Oisemont, Ramburelles, Gamaches, Bouvaincourt, Aoust-Marais, Eu (la Chaussée) (3) et aboutissant à Froideville (4).

Nous inclinons à penser que cette voie n'allait pas au-

---

(1) Comte d'Allonville, Dissert. sur les camps romains de la Somme, Clermont-Ferrand, Thibaut, 1828.

(2) Cette station se trouvait sur la route d'Eu à Foucarmont, près du lieu dit : la Madeleine. V. Estancelin, Histoire des comtes d'Eu, 1 volume in-8. Dieppe et Paris, 1828.

(3) Extrait du livre rouge des archives d'Eu : « Durant la dite année 1555, a été pavée tout de nouveau la chaussée d'Eu ».

(4) La station romaine s'étendrait même jusqu'à la ballastière actuelle du chemin de fer où M. Hardy a trouvé, en 1871, des poteries communes, d'autres de Samos, et des ossements d'animaux domestiques; Michel Hardy, découverte d'une station romaine à Mers, plaquette de 5 pages, Dieppe, Delevoye, 1871.

delà, du moins par la vallée, car l'on n'en a trouvé aucun vestige, de Froideville à Mers, lors du tracé de la route nationale actuelle, sous Louis-Philippe, de 1836 à 1838.

En revanche, le séjour des Romains à *Froideville* est incontestablement établi par les vases grossiers, pavés, sépultures et débris de chaussée qui y ont été découverts.

Faut-il voir dans cette chaussée une voie Romaine ? Ne serait-ce pas plutôt, comme le pense M. Pinsard, d'Amiens, un chemin Gaulois rectifié à l'époque Gallo-Romaine, et même plus tard, vers l'an 600 par Brunehaut (1) ?

Mais ce n'est pas à moi d'essayer d'éclairer un point aussi obscur : Le crépuscule pour un antiquaire est ici la nuit close pour un académicien.

Les auteurs qui ont écrit sur le Vimeu sont d'avis que les habitants avaient fini par embrasser le culte des Romains, leurs envahisseurs ?

Erreur ! *Le Druidisme* avait résisté au *Polythéisme* Romain; et, nulle part ailleurs, il n'était plus enraciné que dans le Vimeu.

On suppose, mais sans preuve absolue, que les premiers apôtres du Christianisme dans ce pays furent saint Quentin, mort en 303, saint Mellon en 322 et saint Salve en 615. Passons donc leur nébuleux apostolat.

Mais ce qui est bien établi c'est que, quand *saint Valery* vint à Aoust-Marais, en 611, il y renversa un arbre Druidique.

Il y a plus. *Saint Leu*, à peu près au même temps, exilé à Ansenne, y trouva : « *Templa phanatica a curionibus culta* » ce que les Bolandistes entendent par « des temples païens fréquentés par des décurions », et

---

(1) M. Le Beuf, la ville d'Eu, p.13, Eu, Houbert (1811) nous semble partager cet avis.

Dom-Grenier par « des troncs de bois qui servaient d'idoles et qu'adoraient les décurions ».

Aussi votre regretté collègue, le savant abbé Corblet, remarque-t-il judicieusement que, « quand il s'agit d'un culte exercé dans les forêts, de fontaines sacrées, d'arbres vénérés, il s'agit là du culte primitif de nos ancêtres » (1).

Ma preuve est donc faite. — En réalité, le *Christianisme* ne devait devenir la religion du pays qu'après les prédications de *Saint-Riquier* (mort en 645) le fondateur de Centule, (l'abbaye aux cent tours ?), de *Saint-Blimont* (650), de *Saint-Josse* (669) et enfin de *Saint-Angilbert* (814), qui fut « un des plus vaillants champions de cette milice monastique que Saint-Anselme appelait la Chevalerie de Dieu » (2).

Ni l'or ni la grandeur ne nous rendent heureux.

Aussi, bientôt la richesse même de ces puissantes abbayes de *Leucone* (Saint-Valery), de *Centule* (Saint-Riquier) devait entraîner leur ruine et celle de leurs dépendances.

« Pirates redoutés, dit Duruy, les *Northmans* étaient des hommes que la faim, la soif du pillage, l'amour des aventures chassaient, chaque année, des stériles régions de la Norwège, de la Suède et du Danemark. En trois jours, un vent d'Est amenait leurs barques *à deux voiles* aux bouches de la Seine ».

Deux voiles ? Non ! une seule leur suffisait bien (3).

---

(1) Voilà pourquoi du mot Paganus, paysan, on a fait les mots Payen et Paganisme.

(2) Voir Ch. Louandre op. cit. t. I, p.16 et suiv. ; J.Corblet,Hagiographie du dioc. d'Amiens, Paris, Demoulin, 1869, aux noms précités.

(3) Duruy, hist. de France, t. I, p. 180. Paris, Hachette, 1871. — A propos de la voilure des nefs northmandes, nous relevons le passage suivant dans l'ouvrage récent de M. Trogneux : Notice sur les divers modes de transport par mer. Paris, Plon, 1889, p. 47. « M. Jal nous donne la restitution d'une nef normande du XIe

Ajoutons qu'en outre de ces grandes barques, ils en avaient de plus petites, leur permettant de pénétrer plus avant dans les terres (1).

« La force de la tempête, chantaient-ils, aide le bras « de nos rameurs ; l'ouragan est à notre service ; ils nous « jettent où nous voulons aller. »

Or, dès l'année 623, ils voulurent saccager, ce qu'ils firent d'ailleurs, l'abbaye de Leucone, dont Blimont et les moines durent s'enfuir pour demander à d'autres abbayes moins exposées une hospitalité temporaire (2).

Au commencement du IX° siècle, *Charlemagne* avait pris contre eux des mesures de défense ; deux flottes notamment avaient été rassemblées, l'une à Boulogne et l'autre près de Gand. Mais, pendant le siècle qui suivit sa mort, les déplorables divisions de ses successeurs ouvrirent les provinces aux invasions des Northmans.

Ce n'est pas pour rien que j'ai établi plus haut l'existence d'un port à Mers et il m'est permis ainsi de supposer que ce port dût donner souvent asile à leurs barques. En 810, ils brûlent les abbayes de Saint-Valery et de

---

« siècle, d'après la tapisserie de Bayeux et certaines indications « techniques contenues dans le roman de Rou et le roman de Rut. « On trouve également dans le livre de Strutt, sur les antiquités « normandes, une série de dessins où on remarque les formes « rondes de l'avant et de l'arrière qui donnent au bateau l'aspect « d'un canard. La chronique de Froissard et les bateaux hollan- « dais nous montrent que cette forme s'est conservée à travers les « siècles. Les navires de guerre portaient souvent une plate-forme... « Le gouvernail était toujours constitué par une sorte de pelle « située à l'arrière et par côté ; la mâture se composait d'un seul mât « amovible et la *voilure*, *d'une seule voile*. Ce mât était tenu par « des haubans garnis d'enfléchures et disposés comme de nos « jours ; les cordages étaient en cuir tressé... La voile en toile ou en « peaux était attachée à une vergue, tenue par des écoutes et par « des bras ; les cargues et les boulines destinées à mieux orienter « la voile sont également mentionnées dans le roman de Rut. Les « ancres n'avaient pas de jas. »
De nombreux rameurs aidaient encore à l'action du vent.

(1) C'est ainsi qu'en 845, venus avec 120 bateaux, ils laissèrent les plus grands à Honfleur et à Rouen, & remontèrent la Seine avec les plus petits jusqu'à Paris. (Chronologia Anschariana).

(2) J. Corblet, op. cit. V° Saint-Blimont.

2

Saint-Riquier, et pillent tout le pays. Louis III, en 881, les joignit à *Saucourt*, les poursuivit par *Friaucourt* et *la Croix au Bailli*, à une lieue de Mers, par la ligne qui est appelée le *Champ des Batailles* (1). Mais cet avantage momentané n'empêcha point les brigandages de recommencer. Ils ne devaient prendre fin que par l'établissement définitif des Northmans dans la Neustrie (Normandie) après le traité de Saint-Clair-sur-Epte, en 912, sous Charles le-Simple.

Profitons bien vite, mon cher confrère, de cette accalmie pour revenir à Mers.

Vous connaissez le petit bois taillis sur le plateau de la falaise, un peu au-dessus de la Vierge, et qu'on appelle encore aujourd'hui le « *Bois de la guerre* ».

Il est couvert d'anciens vestiges de constructions ; un vieux facteur de Mers me disait avoir, dans sa jeunesse, vu en cet endroit et déjà en ruines une maison avec four, sur une pièce de terre dénommée « *Ces maisons* ».

Ne serions-nous pas là en présence des restes d'un *village primitif*, peut-être même d'un *oppidum* (2) où les Mersois auraient été chercher un refuge contre leurs envahisseurs.

Je n'ose l'affirmer ; toujours est-il vrai de dire que la rue d'Ault qui conduit à ce Bois par la cavée porte encore aujourd'hui le nom de « *rue du bout de la ville* ».

Ainsi, Mers aurait existé primitivement au pied de la Falaise, aurait ensuite été détruit et les habitants se seraient réfugiés sur le plateau. D'où la locution que je

---

(1) M. D. Le Bœuf, Eu et Tréport, p. 6, Eu, Houdbert, 1842, avait placé la bataille de Saucourt en 861, sous Charles le Bègue. Il a rectifié cette erreur dans son ouvrage « la Ville d'Eu, p. 19, Eu, Houdbert, 1844 », seul ouvrage de cet auteur auquel désormais nous renverrons le lecteur.

(2) Près de Dieppe, sur la falaise de Limes est un oppidum, c'est-à-dire une enceinte de pierres brutes ou de palissades, dont la date est incertaine, servant de refuge en temps de guerre et inhabité en temps ordinaire. Rambaud, petite histoire de la civilisation française, p. 9 ; A. Collin, Paris, 1890.

relève au cadastre pour les terrains d'en bas du Mers actuel « *lieu dit Mers* ».

Mais ce déplacement s'est-il produit lors de l'occupation Romaine ou lors des invasions Northmandes ? On peut incliner vers la première opinion, car l'on trouve d'anciens titres privés désignant les terres voisines du bois de la guerre par ces mots « *au canton nommé Bello* ».

J'ajoute qu'à la ballastière du chemin de fer, sur la route nationale, M. Hardy a trouvé, en 1872, des poteries fines sur lesquelles il a pu lire assez distinctement :

O. SEVERI (Officina Severi) ?

Or M. l'abbé Cochet a suivi cette grande marque à Epinay, à Tours, à Amiens, à Paris et même à Londres (1), toutes villes où étaient des stations Romaines importantes.

Dès le commencement du IX⁰ siècle, Mers faisait partie des possessions de l'abbaye de Saint-Riquier.

En dehors de ces indications fournies par le Diplôme de Louis le Débonnaire, l'histoire ne nous apprend rien sur Mers, sinon qu'au temps des comtes de Ponthieu, c'est-à-dire à partir de la même époque, il y existait des *salines* semblables à celles de Rue, de Waben et de Noyelles, qui, dit-on, survécurent jusqu'au règne de François Ier. Elles servaient, sans doute, à la salaison des poissons qui entraient alors en si grande quantité dans l'alimentation du pays et des nombreuses congrégations religieuses qui peuplaient la Normandie.

Elles étaient situées entre le Tréport et Mers, mais plus rapprochées de ce dernier pays. Il en reste encore aujourd'hui des vestiges assez semblables aux digues de renclôture de Saint-Valery-sur-Somme, notamment dans les terrains non encore bâtis compris entre la rue Belle-

---

(1) L'abbé Cochet, Normandie souterraine, 2⁰ édition, p. 101.

vue et la rue Buzeaux. Le grenier à sel était à Froideville : nous en parlerons plus loin.

La population de Mers, « qui était alors le *port et le Havre naturel* » (1), se composait de saliniers et surtout de pêcheurs. Il faut convenir d'ailleurs que le village était également bien situé pour la pêche de mer et celle de rivière, car « au temps de Guillaume le Conquérant (1027-1087) *la Bresle,* par l'effet naturel qui, sur cette partie de la Manche, porte les chenaux sur la droite des embouchures, avait établi son cours vers Mers où était le *port de la vallée* dans une petite gorge » (2).

De plus, il faut croire que le poisson de la Bresle était très renommé, puisqu'il avait donné son nom à la Rivière (3). Laissez-moi au moins mes illusions sur cette poétique étymologie.

Dès 1100, Henri, quatrième comte d'Eu, pour faciliter le nettoyement du chenal, avait fait creuser un canal de dérivation d'Eu au Tréport (4). Malgré ces travaux, la rivière tenta plusieurs fois de reprendre son ancien lit.

« En 1324, Monseigneur Raoul, comte d'Eu, fut établi « visiteur et garde des ports, passages et frontières de « la mer, c'est-à-dire à sçavoir de l'Eure (Le Havre de « Grâce plus tard) jusqu'à Calais » (5).

Il est permis de supposer que Raoul n'apporta guère de vigilance dans ses fonctions ; car, en 1369, d'après Lefils,

---

(1) Le Beuf, op. cit. p. 5 et 370.

(2) F. Lefils, géog. hist. et popul. des communes de l'arrondissement d'Abbeville, p. 189 ; Abbeville, Gamain, 1868.

(3) Darsy, Gamaches et ses seigneurs, p. 21. « D'après Duplessis (description de la haute Normandie), *Bresle* viendrait de *Breizel,* truite ; mot formé lui-même de *Breiz,* tache et *El,* rivière : tache d'eau pour poisson tacheté » ???

(4) V. infra, la donation de 1101 de Henri à l'abbaye de Saint-Michel du Tréport.

(5) Martin, op. cit. p. 67. Extrait du compte publié par MM. de Wailly et Delisle ; Recueil des historiens des Gaules, 1865 ; années 1227 à 1320 sous le § 64 intitulé : Ceux qui ont gardé les ports depuis Calais jusqu'au Mont Michel ».

une moitié des eaux de la Bresle passait encore à Mers et l'autre au Tréport.

L'embouchure de la Bresle présentait donc deux rades, jusqu'au jour où François 1er qui, de 1515 à 1523 (1), avait fondé le Havre, fit construire, en 1547, la grosse tour de grès à l'entrée du port du Tréport, démolie seulement vers 1840 (2). Dès lors, Mers fut toujours négligé au profit de son voisin.

François 1er de Clèves, comte d'Eu, creusa un bassin et bâtit des jetées, qui furent bientôt ensevelies sous les galets. Les travaux accomplis plus tard au canal, au bassin de chasse, aux écluses et aux jetées, par le comte d'Artois, Mademoiselle de Montpensier, le duc de Penthièvre et Louis-Philippe, supprimèrent le port de Mers. Il n'en reste plus rien ; les vieillards du pays se rappellent seulement avoir vu au mouillage du « *Franc marqué* » des restes de pieux et de palissades (3).

Si vous suivez, mon cher confrère, la petite ruelle, parallèle à la rue de la falaise, et qu'on nomme encore aujourd'hui le *chemin des matelots*, vous découvrirez une croix, bien modeste, ornée d'ancres seulement. *La Croix des Marins* désormais témoignera seule que « là fut le *Port de Mers* ».

Il ne m'est guère possible de quitter la plage de Mers, sans consacrer quelques lignes aux prairies dites les *Mayeuls* à l'occasion desquelles vient enfin, espérons-le, d'être résolue la brûlante question de délimitation de Mers et du Tréport (1).

---

(1) A Borély, hist. du Havre, t. I. p. 161 Le Havre Lepelletier, 1880-1881.

(2) Dieppe en 1512 et le Tréport en 1515 avaient eu beaucoup à souffrir des attaques des Anglais. — La Tour du Tréport était tout près de l'Hôtel de Ville actuel à l'emplacement du Café de la Tour. Les bateaux venaient s'y amarrer.

(3) La carte de France dressée par ordre du ministre de l'Intérieur (tirage de 1889), indique en mer, entre Ault et Mers : le *Banc franc marqué*, sans désignation précise d'emplacement.

(1) Les pièces qui suivent se trouvent aux archives de Mers.

Si, comme vous l'avez vu, Mers, au temps des comtes de Ponthieu, dépendait de l'abbaye de Saint-Riquier, il est bien certain que, peu de temps après, les comtes d'Eu avaient des droits sur des terres sises à Mers. C'est ainsi qu'en 1101, Robert donnait à l'abbaye Saint-Michel du Tréport, entr'autres biens, les Mayouls, « grande pièce de
« terre à usage de pâture, scituée entre le port et hâvre du
« Tresport et le vilage de Mers, tenant d'un costé vers
« le nord et couchant à la grève de la mer, d'autre
« costé vers le midy et le couchant à la rivière de Brelo
« et aud. havre du Tresport, d'un bout au levent et
« nord au terroir du vilage de Mers, à la mare du curé
« et à l'ancien lit de la rivière, d'autre bout à la jettée
« d'amont du dit port où la dite pièce de terre se termine
« en pointe » (1).

Je vous disais que, sous François 1er, Mers était bien malheureux ; vous en aurez plus tard la preuve. L'élevage des bestiaux était désormais la seule ressource des habitants. Des difficultés sans nombre s'étaient élevées entre les Mersois et l'abbaye de Saint-Michel. Elles ne devaient être tranchées qu'en 1534. « Le pre-
« mier de may 1534, l'Illustrissime Prince François de
« Clèves, abbé de Saint-Michel du Tréport, et les ma-
« nans et habitants du vilage de Mers ont avisé
« bien estre pour la tranquilité et pour éviter tous
« procès, poursuites, frais et contentions : le Seigneur
« Prince Abbé de laisser aux habitants de Mers la
« *paisible, perpétuelle et imperturbable possession,*
« *jouissance et usage* du marais de Mers, autrefois
« prairie dite vulgairement les Mailleuls, et les habitans
« de Mers de donner, pour ce, dix écus d'or pour estre

---

(1) Désignation prise dans l'aveu de 1707, premier acte dans lequel elle figure. — La charte de 1110 de Robert d'Eu n'était qu'une confirmation de celle de 1036 (*anno millesimo trigesimo sexto*, traduit à tort 1059 par Le Beuf, op. cit. p. 32).

« convertis et employés aux affaires et réparations de la
« maison et ont encore promis de payer à perpétuité et
« annuellement, le jour de Noël, la somme de dix sols
« tournois ».

Le même jour la communauté du Tréport ratifiait cet accord.

Quelle était donc la nature de ce contrat?

En raison de dix écus d'or à payer *hic et nunc*, c'était une vente. Mais il va être qualifié, dans des aveux des 3 septembre 1707 et 16 mars 1751, par les manans et habitants représentant la communauté de Mers « *de rente foncière, féodale et seigneuriale* ». A la vente, était donc adjoint un bail à rente. Mais alors la commune de Mers, à un double titre, avait la propriété des Mailleuls, qui, d'ailleurs, ne lui a jamais été contestée. Car je passe sous silence une puérile prétention de l'abbaye du Tréport à une nouvelle délimitation des Mailleuls et dont elle fut déboutée, le 3 juin 1767, par le duc de Penthièvre, après une procédure longue et compliquée.

Le 24 août 1788, les syndic, habitants, corps et communauté de Mers affirmaient de nouveau, dans un aveu, leur droit de propriété sur les Mailleuls aux charges que dessus.

Le décret du 17 mars 1790 concernant l'aliénation aux municipalités de 400 millions de biens domaniaux et ecclésiastiques ne pouvait pas modifier la situation juridique de Mers, quant à la propriété des Mailleuls.

Cependant Louis-Philippe avait fait du château d'Eu sa résidence d'été; la famille royale venait prendre ses bains au Tréport.

Bien que la Bresle ait, de temps immémorial, séparé les territoires du Tréport et de Mers, délimitation consacrée par un décret du 1 mars 1790, reproduite au plan cadastral de 1824, le Tréport songea à s'étendre vers Mers au-delà de la Bresle. Le moment, il faut bien le dire, n'était pas mal choisi. Dans sa séance du 27 février 1836, le conseil municipal de Mers s'insurgea contre la prétention du Tréport à une nouvelle délimitation. (1). Rien n'y fit. La loi du 27 juin 1837 séparait les deux pays par une ligne absolument arbitraire, également préjudiciable aux intérêts bien entendus des deux communes.

Le 28 mai 1843, le 4 novembre 1869, Mers reprit ses légitimes doléances ? Mais c'est surtout dès 1880 que la lutte fut vive, puisque, devant le conseil général de la Somme, session d'août 1887, un commissaire enquêteur du Tréport pouvait s'entendre dire : c'est le larron qui crie au voleur !

Depuis, pour avoir enfin la paix, Mers a fait de nouvelles concessions. Dans sa séance du 10 mars 1891, la Chambre des Députés vient de sanctionner les revendications modestes de la commune de Mers. Le vote du Sénat est attendu qui doit donner force de loi au projet présenté, le 22 janvier précédent, par le gouvernement.

Fiat pax ! Grands dieux ! Vous figurez-vous, mon cher confrère, un sac dont la première pièce remonte à 1101 et dont la dernière est d'hier. Que de poussière ! Un coup de brosse et poursuivons notre route.

Cependant l'an 1000 était écoulé et le monde était encore debout. La génération d'alors s'était rassurée et un élan de piété et de reconnaissance avait succédé à la crainte. C'est donc cette époque que la tradition assigne à la *première église de Mers*.

Où était-elle ? Je l'ai dit plus haut.

Comment était-elle ? nul ne le sait.

Qu'en est-il resté ? rien ; à moins qu'il n'en faille voir un vestige dans le chapiteau Roman qui a été utilisé

---

(1) Archives de Mers, 1ᵉʳ registre nº 99.

dans le socle de la *Croix de Pierre*, à l'intersection de la rue Brûlée et de la Grande rue (1).

Le Prieur de la Trinité à la Chaussée d'Eu était le Présentateur à l'Église Saint-Martin de Mers (2) et le prieuré était tenu d'en réparer le Chœur (3). Or l'on sait que le Prieuré de la Trinité, dépendant de l'abbaye Saint-Lucien de Beauvais, fut fondé par les Comtes d'Eu, sur un terrain donné par Hugues, Seigneur de la Chaussée, en 1138 (4).

Là se bornent les documents que j'ai pu recueillir sur cette première Église de Mers. J'établirai plus loin l'époque probable de sa ruine, avec plus de vraisemblance que de preuves. Mais c'est égal, mon cher collègue, vous verrez bien que votre bon sens, en ce cas encore, aura facilement raison de votre scepticisme.

Cependant *Guillaume le Conquérant*, en vue de sa grande descente en Angleterre, (5)

> Fèvres et charpentiers manda
> Dont veissiez à grands effors
> *Par Normandie à tous les pors*
> Merriens à traire et faict porter,
> Chevilles faire et bois dôler,
> Nefs et esquiex appareiller,
> Velles estendre et mats drécier :
> A grand entente et grand ost (armée)
> Tout un été et un aost,
> Mistrent au navie atorner.

---

(1) Cette croix de fer, connue sous le nom de croix de pierre (??) a été élevée à la suite d'une mission prêchée par un abbé du nom de Breda au commencement de ce siècle

(2) Il n'est pas de Saint qui, dans le nord de la France, compte plus d'Églises sous son vocable que Saint-Martin : Diocèse de Troyes, 47 ; Beauvais, 111 ; Soissons, 132 ; Amiens, 165. J. Corblet, op. cit. t. IV. p. 509.

(3) Extraits des Bénéfices de l'Église d'Amiens par Darsy. 2 vol.

(4) Le Beuf. op. cit. p. 47.

(5) R. (Robert ou plutôt Richard) Wace, chanoine de Bayeux (1000 — 1184) Roman de Rou (Rollon).

Le port de Mers devait présenter alors une grande activité comme tous ceux du littoral, d'autant plus que Robert, 2ᵉ comte d'Eu, avait, pour sa part, fourni soixante navires, qui furent montés par des gentilshommes et des marins *des deux rives de la Bresle*.

En 1066, la flotte forte de 400 navires et de plus de 1000 bateaux de transport, montés par 60.000 hommes, s'il faut en croire les auteurs, partit de Dives, et passa devant Mers pour aller relâcher à Saint-Valery sur-Somme. De ce port, elle mit le cap sur l'Angleterre où elle débarquait le 28 septembre. Vous savez le reste (1).

De Mers, à cette époque, nous ne connaissons guère que la *famille seigneuriale* qui, au temps de la seconde Croisade, sous Louis VII, comprenait :

1° Simon de Mers ;

2° Reynold de Mers, frère du précédent ;

3° Guillaume de Mers, fils de Simon, qui tous vivaient en 1149. M. de Rosny (2) dit avoir retrouvé la mention de ces personnages dans le cartulaire du Ponthieu, sans rien ajouter de plus. Mes recherches personnelles n'ont pas été plus fructueuses. Mais pourquoi cette observation que vous auriez bien faite sans moi ?

En 1187, Guy de Lusignan, le neuvième et dernier roi de Jérusalem, venait d'être fait prisonnier par Saladin à la bataille de Thibériade. La chrétienté fit un puissant appel auquel notre pays dut répondre. En effet, *Raoul de Lusignan*, comte d'Eu, depuis peu de temps, ne pouvait voir d'un œil sec l'infortune de son parent. La *croisade* fut même prêchée à Eu, par un ecclésiastique, nommé *Maître Jacques*; Raoul entraîna à sa suite « *une partie des habitants de la contrée* » (3).

---

(1) A. Aubert, le littoral de France, 1ʳᵉ partie, p. 96, Paris, Palmé.
(2) de Rosny : Recherches générales sur le Ponthieu.
(3) D. Lebeuf, Eu et le Tréport, p. 10.

Mais il nous faut remonter quelque peu en arrière, sous peine de laisser échapper un document important.

La vie politique de Mers, au moyen-âge, ne peut vous laisser indifférent.

Dès 997, sous le roi Robert, les Vilains de Normandie, poussés à bout par les exactions et l'insolence des Seigneurs avaient préparé un soulèvement qui fut noyé dans le sang. Il est permis de **supposer** que les exigences des abbés n'y étaient pas étrangères, car, vers 1150, c'est le chanoine *Wace* qui va devenir le chantre de leur émancipation :

> « Pourquoi nous laisser faire dommage ?
> « Nous sommes hommes comme ils sont ;
> « Des membres avons comme ils ont,
> « De tout autant grands cœurs avons,
> « Et tout autant souffrir pouvons. »

Saint-Riquier, Eu, Abbeville avaient depuis longtemps leurs *franchises municipales* quand, en 1209, les habitants de *Merck* (sic) obtinrent de Guillaume III, comte de Ponthieu, *une charte* calquée sur celle d'Abbeville de 1130. (1)

Ce fait rapporté par *M. Ch. Louandre* mériterait une confirmation. *Augustin Thierry* dit en effet à ce sujet :

« La commune de Merck est indiquée dans la chro-
« nique manuscrite de *Rumet*, l'un des anciens annalistes
« du Ponthieu, comme ayant été établie sur le modèle
« de la commune d'Abbeville. C'est la seule mention
« que nous en ayons rencontrée, et, dans tous les cas,
« il nous est impossible de dire à quelle localité se rap-
« porte le nom de *Merck*. On pourrait croire par analo-
« gie que ce nom s'applique au village de Mers... à
« l'embouchure de la Bresle. Mais aucun document ne

---

(1) V. C. Louandre, op. cit. t. I. p. 172, le texte de la charte d'Abbeville.

« confirm: cette supposition et il faut s'en tenir à
« l'indication de Rumet, en ajoutant que cette indication
« s'applique à une localité maintenant inconnue » (1).

Que les Mersois fassent gaiement leur deuil de cette
charte de 1209. Car, si on peut les considérer comme un
premier jalon placé par nos ancêtres dans la direction
de la liberté, en réalité, ces chartes ne changeaient pas
sérieusement l'état ancien ; elles ne faisaient que reconnaître
des droits préexistants ; et les comtes qui les
octroyaient, les rois qui, après eux, les confirmaient,
trouvaient dans cette libéralité apparente, l'excuse de
prélèvements excessifs qu'en cas de guerre ils exerçaient
sur les ressources municipales et les revenus des
abbayes et même des églises.

S'il est certain que les Eudois ont suivi leur comte
dans une des croisades de Saint-Louis et dans la dernière
de Philippe III, rien ne vient établir d'une façon positive
que les habitants du Tréport et de Mers les y aient accompagnés.
En revanche, ces deux pays ne devaient pas
tarder à payer chèrement les quelques années de repos
relatif qu'ils venaient de passer.

Charles le Bel était mort, en 1328, sans enfants mâles.
Le roi d'Angleterre, Edouard III, qui avait échoué
devant la Cour des Pairs, dans ses prétentions à la
Couronne de France, méditait une vengeance, dont
Mers devait ressentir les premiers effets.

Nous ne saurions mieux faire que de copier le récit
du *Livre Rouge* (2) de la Ville d'Eu. « L'an de grâce
mil III XXXIX, le dymenche, jour Saint-Pierre ad l'ens

---

(1) Aug. Thierry, recueil des monuments inédits de l'histoire du
tiers-état. Paris, Imp. Imp. 1870.

(2) On nomme ainsi non pas un, mais deux volumes in-4°, conservés
aux archives d'Eu. Le 1ᵉʳ commence en 1272 pour finir en
1521 ; le second, après avoir reproduit les chartes les plus importantes,
depuis 1151 jusqu'à 1320, reprend à l'année 1272 et s'arrête à
1718.

les Englois assailliront au Tresport. Et y eut environ VIXX (1) vaisslaux grans et petis. Et fut dit de cheux du Tréport que eux espéraient que che fussent Espaignos : pour quoy en fut décheu, ne le maire, ne le quemune (d'Eu) ne pouvoient venir à temps pour secourre. Pour quoy, ils boutèrent les fus et *arsèrent* (incendièrent) *le Tresport et Mers.* »

Les Tréportais, se croyant abandonnés par les Eudois, obtinrent de « s'exenter et oster de le jurée et de le quemune de Eu. »

Cependant peu après, le comte d'Eu, connétable de France « rendy et rétably à cheux d'Eu le quemunité et le jurée de cheux du Tresport, pour chen que cheux de Eu n'estaient en autre manière coupables de l'arsin du Tréport. » Il fit en cela acte de générosité, car c'est lui qui avait pris tous les émoluments que les Eudois avaient au Tréport.

Je n'aurais pas relevé ce petit détail, s'il ne venait à l'appui de ce je disais, plus haut, des chartes de commune et des avantages plus apparents que réels qu'elles conféraient.

La conduite du Comte d'Eu ne doit pas vous étonner, mon cher collègue ; car c'était bien le meilleur prince du monde, dans l'acception actuelle du mot.

« Si l'usage antique du *masque* réapparait en France, au XIV° siècle, apporté, dit-on, par les Vénitiens (2), les comptes du connétable d'Eu, offrent peut-être la plus ancienne mention à signaler des faux visages parmi les textes de cette époque. » En 1338, aux noces d'un chevalier on s'était déguisé ; en 1340, à celles de M. de Guines, on met des faux visages, des barbes postiches et des perruques.

---

(1) VI XX, six vingt, cent vingt.
(2) V. Gay. Glossaire archéolog. du Moyen-Age et de la Renaissance, V° *faux visage*, Société Bibliographique, Paris, 1887.

Mais c'est seulement au château qu'on s'amusait ; car, en cette même année *1340*, « *par un samedi, en mai, le jour de Saint-Jean*, les Anglais assaillirent de nouveau au Tresport. » Avaient-ils 80 Bateaux (Darsy) ou seulement 40 (Le Bœuf) ? peu importe. Ce qui est établi, c'est qu'ils opérèrent leur descente à la fois sur deux points : « *le vile de Mers* » et la Falaise de Ménival (1).

Le combat dût être vif à en juger par le petit fait suivant : *Jean de Cherchemont*, évêque d'Amiens, dînait ce jour-là au prieuré de la Trinité de la Chaussée d'Eu. Il eut la curiosité d'assister de loin à l'assaut ; mais, quand il vit que les Anglais descendaient au-dessous de la falaise vers Ménisval, « lors s'en retourna le dit évesque et beney et absoult cheux de par decha ».

Si l'on donne créance au livre Rouge, on se serait servi, contre les Anglais, de quelques pièces *d'artillerie*. M. Darsy fait à ce sujet remarquer que « les Français auraient alors employé l'Artillerie contre les Anglais, six ans avant que ceux-ci en fissent usage à Crécy, en 1346. »

Il s'est glissé dans cette observation une légère inexactitude que les extraits de Froissard, qui suivent, suffiront à dissiper. Il n'y a donc pas lieu de s'y attarder davantage. En revanche, *le combat de Mers de 1340* soulève un problème des plus intéressants.

Que pouvaient bien être ces pièces d'artillerie amenées à Mers par les Eudois ?

D'après le Bœuf (2) c'étaient des espèces de boîtes qu'on chargeait de cailloux ; Bordier se contente d'affirmer que l'une de ces pièces est actuellement au Musée-Bibliothèque de Dieppe.

---

(1) Voir : Livre Rouge, t. I, p. 97 ; Dom Grenier 21e paquet n° 1er ; Darsy, op. cit. p. 116 ; Louandre, op. cit. p. 220 ; Bordier, op. cit. p. 7 ; Lefils, géog. op. cit. p. 189 ; Therin, op. cit. p. 36 ; Le Bœuf op. cit. p. 111 et suiv.
(2) Le Bœuf. Eu et le Tréport, op. cit. p. 151.

Pour trancher cette question, reprenons donc le texte de la chronique du Livre Rouge. « Il y en eust des Anglais, bien XL et plus morts et navrés, par chou que len se deffendy *tant de artillerie comme autrement, de la quelle artillerie moult y fut gastée.* »

Le mot artillerie, s'il figurait seul dans la Chronique, ne nous éclairerait guère ; car, longtemps avant l'invention de la poudre, ce mot servait à désigner l'ensemble des engins ou machines de guerre. C'est ainsi qu'en 1201, Philippe le Bel nommait un grand maître de l'artillerie du Louvre (1).

Heureusement, le livre Rouge donne l'énumération des armes des Eudois, à ce combat :

« *Nous avons III grans engiens, IIII grans arbales-*
« *tes à trueil* (treuil) ; *XIII arbalestres à qricques*
« (cric), *XXVII arbalestes à pic et les baudrés* (bau-
« diers), *XX ars mainiers* (arcs à la main), *Item LXXVI*
« *garios pour les engiens ; item pour les cauq... en II*
« *grands hôtes ; des Wyretons en holins...* »

Sans doute le mot engien pouvait encore à cette date s'appliquer à toute machine de guerre ; (2) mais les détails qui précèdent et ce passage « tant de artillerie comme autrement » montrent bien qu'ici il doit être le synonyme d'artillerie, puisqu'il ne peut s'appliquer à des arbalètes. Il est donc permis d'admettre que ces trois grands engiens étaient des pièces d'artillerie proprement dites, dans l'acception actuelle du mot, et non pas même des Espringales, grosses arbalètes sur roues.

Cela n'a rien d'osé. Déjà, en 1338, on trouve dans un registre de comptes que des canons auraient été employés au siége de Puy Guilhem en Auvergne ; et Frois-

---

(1) P. Lacroix, les Arts au Moyen-Age, p. 97. Paris, Didot 1869.
(2) Du Cange : Engignour, Engingnier, (Ingénieur) « Le sire des ingignours ou des engingniers, celui que nous appelons aujourd'hui le grand maître de l'artillerie. »

sard mentionne que, précisément en 1340, les Anglais se servirent au Quesnoy pour repousser les Français de bombardes et de canons (1).

Mais enfin qui a raison de Le Bœuf ou de Bordier, en ce qui concerne le modèle des trois pièces d'artillerie de Mers ?... si pièces de canon il y a.

Ni l'un ni l'autre, selon nous.

La seule inspection du *Canon du Musée de Dieppe* suffit à renverser sans retour l'affirmation de M. Bordier, dont il faut tout d'abord nous débarrasser. Ce canon, dont M. le Conservateur du musée de Dieppe a bien voulu nous donner un croquis très fidèle, présente les dispositions essentielles suivantes :

Sa longueur totale est de 2 mètres ; mais le tube lui-même n'occupe guère que les 2/3 de cette longueur : le surplus est affecté à un prolongement ou queue munie à son extrémité d'un œil.

La pièce peut osciller de bas en haut à l'aide d'une fourche dans les montants de laquelle entrent deux tourillons faisant partie de la pièce elle-même.

Enfin cette fourche présente un prolongement pointu, qu'on pouvait fixer soit en terre, soit dans un gros et lourd bloc de bois, soit plutôt dans le pont d'un navire. Cette dernière hypothèse n'est point à dédaigner ; ce canon dont la provenance exacte est ignorée, trouvé en mer, porte en effet des traces profondes de rouille (2).

Il est d'une seule pièce, très grêle et conique dans sa partie antérieure dont la bouche n'a pas plus de 0^{m}15 de diamètre, et très renflé vers l'âme, muni d'une lumière et d'une mire.

---

(1) P. Lacroix, op. cit. p. 98 ; consulter aussi Viollet-le-Duc, Dict. du mobilier français de l'Epoque Carlovingienne à la Renaissance, t. VI. p. 318. V° trait à poudre, Paris, Morel, 1875.

(2) Cette pièce ne serait-elle pas une *Berche* ou *Barse* primitive, avant l'invention de la chambre et de l'étrier mobiles : pièce de marine des XV° et XVI° siècles et abandonnée dans le suivant ? — Voir V. Gay, op. cit. V° Berche.

Ce canon admirablement compris, répondant à toutes les exigences d'un pointage sérieux, pouvant assurément osciller dans le sens vertical et peut-être latéralement, n'a jamais servi en 1340, à Mers ; on peut l'affirmer hardiment. L'artillerie n'était pas encore arrivée à cette époque à une pareille perfection de ses engins.

L'hypothèse de Le Bœuf ne saurait davantage nous satisfaire.

« Ces espèces de boîtes qu'on chargeait de cailloux » auraient-elles été des bombardes ?

Pour cela, il faudrait donner au mot cailloux, le sens de boulets en grès ou de gros galets, ce qui est assez difficile. Mais les bombardes dont le poids a toujours été supérieur à celui des canons existaient-elles en 1340. Nous n'oserions l'affirmer, malgré le passage précité de Froissard, car cet auteur n'avait que trois ans en 1340 ; de plus, dès leur invention vers 1354, elles ont porté ce nom terrifiant, et la chronique ne parle que d'Engiens.

Enfin, comment les Eudois auraient-ils pu amener à Mers des bombardes par ces mêmes chemins où, trois siècles plus tard, le duc de Penthièvre demeurait enseveli, pendant de longues heures, dans son carrosse renversé.

On ne saurait davantage voir dans les boîtes dont parle Le Bœuf, les mortiers, venus bien après et qui lançaient en effet des pierres et des grenades, encore moins les boîtes d'artillerie, espèce de pots à anse en fonte et qu'on chargeait de poudre, dans les réjouissances publiques.

La solution de la question découle de l'examen attentif de l'énumération du Livre Rouge.

La pièce dont nous recherchons le type, était, cela est vraisemblable, pareille à celles dont parle Froissard.

Qu'on y songe ; nous en sommes presqu'encore à la mythologie de l'artillerie : les ingénieurs vont donc emprunter leurs projectiles à l'arsenal de Jupiter tonnant.

Or, précisément, à cette même date de 1340, les canons du Quesnoy lançaient de gros *carreaux* contre les assiégeants (1) ; et ce mot, nous le trouvons dans le Livre Rouge : des *garios*. Qu'on ne dise pas qu'il signifie des chariots ; car il n'eut pas fallu soixante-seize chariots pour transporter trois canons.

Qu'était-ce donc qu'un carreau ? C'était une flèche épaisse courte, dont l'extrémité était garnie d'un fer en forme de pyramide à base carrée (2).

D'après Gay, le carreau, le premier projectile des canons, fit son apparition dans le Nord de la France en 1338, deux ans avant notre combat. Les pièces qui lançaient ces traits sont connues : longues, cylindriques, à douves, cerclées de fer, leur légèreté relative permettait donc aux Eudois de les amener à Mers.

Ainsi les trois canons de Mers avaient pour projectiles des carreaux, et non des cailloux.

Aux preuves qui précèdent s'en ajoute une dernière, celle-là sans réplique, à notre sens.

Il est bien vrai que le carreau a signifié tout projectile et notamment des flèches d'arbalète ou d'arc et même de simples pavés jetés sur des assaillants (3).

---

(1) « Ceux du Quesnoy descliquèrent canons et bombardes qui jetaient grands *carreaux* ». Froissard, t. I, p. 111.

(2) Du Cange, V° *Quadrellus*, quarelli : *Tela balistarum brevia, spissira et forma quadrata : unde nomen nostris quarreaux.* — Le *garrot* d'artillerie a deux ou trois ailettes et une garniture de tampons de cuir entrant à frottement dans l'âme de la pièce. (Gay, op. cit.)

(3) C'est ainsi qu'un vieil auteur, Guiart d'Orléans, écrivait en 1304 :
  « Li Engins tout seuls demourèrent
  « Qui pierres et *garros* getaient (Du Cange, V° Quadrellus.)
D'Aubigné (1551-1630) pouvait dire « les harquebusades des barricades furent accompagnées de celles des fenestres, avec une gresle de *carreaux* (pavés) qu'ils appellent grez. » — Littré, V° carreau.

Mais ici, grâce à l'énumération du Livre Rouge, le doute n'est pas possible. Pour les trois grans engiens, il y avait LXXVI garios ; et par les arbalètes de diverses sortes, il y avait des Wyretons (Viretons), « traits d'arbalète empennés en hélice avec des lamelles de bois, de corne ou de fer, qui les faisaient tourner en l'air sur eux-mêmes » (Littré).

Les Viretons étaient placés dans des *hotins*, ou paniers d'osier ; et la poudre dans des *couq*... c'est-à-dire dans des petits barils : on dit encore aujourd'hui des *coquets* à bière et des *caques* à harengs salés.

Il faut donc bien admettre que les pièces des Eudois étaient des canons ; et c'est seulement, en ce qui touche le modèle de ces pièces, que je ne saurais me ranger à l'avis de Le Bœuf, encore moins à celui de Bordier.

Pour moi, et jusqu'à preuve contraire, en 1340, à Mers, les Eudois ont donc fait usage de trois engiens à carreaux, c'est-à-dire de canons légers, cylindriques, à douves, frettés, sans tourillons, ni fiche, ni queue, fixés par des cordes sur un bloc de bois, lançant de gros traits à pointe quadrangulaire.

Vous me pardonnerez, mon cher confrère, cette longue discussion, dans laquelle *l'ingénieur* s'est peut-être trop complû. Mais, après tout, n'est-ce pas découvrir une vérité que de rectifier une erreur ? Enfin, je savais bien que ce sujet intéresserait particulièrement *l'auteur des Sociétés de tir avant 1789* (1).

En 1343, une ordonnance de Philippe VI établissait les *greniers à sel ou gabelles* en divers lieux. Tout le sel produit y était porté et n'en sortait qu'au prix fixé par le roi « dont il acquit l'indignation et malgrâce des grands comme des petits et de tout le peuple ».

Le *grenier à sel de Mers* était entre Mers et Froide-

---

(1) A. Janvier, les Sociétés de tir avant 1789. Amiens, 1875.

ville. Une très faible partie de ses murs est encore visible, près de la Ballastière du chemin de fer, à l'endroit où la *rivière morte* se rapproche le plus de la route nationale. Le dernier con. leur de ce grenier fut, en 1784, Pierre-Charles Fruictier, conseiller du roi (1).

La tradition place à 100 ou 150 mètres du grenier, vers Mers, *un hospice*, dont la fondation est inconnue. Il aurait contenu cinq lits et aurait été incendié en 1545.

Le seul document qui pourrait s'appliquer à cet hospice, est le suivant: Le 15 juillet 1730, l'abbaye de Lieu-Dieu percevait un droit de 100 livres, dit de franc-salé, pris sur les greniers d'Ault, à cause des terres retirées aux religieux à Mers en 1350 ou 1358 (2).

Il semble qu'alors une partie du village de Mers ait été massée en cet endroit ; car là aussi, parait-il, tournait *le moulin à eau* que ruina le détour donné aux eaux de Bresle, avant 1101, par Henri, 4º comte d'Eu (3).

Vous vous rappelez, mon cher ami, le parallèle qu'au début de cette lettre je faisais entre Mers et Sainte-Adresse. J'entends bien le poursuivre.

Or, il existe un document précis sur la disparition de l'église du Chef de Caux. C'est *un amortissement donné par le roi Charles V en 1373* portant : « La dite église est chue en icelle mer et la place là où iceuil cimetière et

---

(1) Broca et Rendu, Inventaire des Archives départementales antérieures à 1790 ; t. I. Somme p. 389 ; Amiens, Caillet, 1883.

(2) Darsy, op. cit. — L'abbaye de Lieu-Dieu avait été fondée en 1191, par Bernard de Saint-Valery, seigneur de Gamaches, sur la Bresle, entre Gamaches et Eu.

(3) Extrait de la Donation (de 1101) de Henri à l'abbaye de Saint-Michel du Tréport : «.. *Dedit et locum convenientem ad molindinum construendum super aquam sub castello Augi, in cujus molendini ædificationem dominus abbas Osbernus dedit septem libras et decem solidos ; hoc autem ideo fecit comes qui destruerat molendinum Sancti Michaeli sublus Villam de Maribus, quando fecit aquam de Eu convertere de antiquo cursu suo per novum alveum, juxta Villam de Ultrisportu.* » (Archives de Mers. — Copie collationnée du 16 novembre 1773).

église soulaient être, regorge aucune fois l'eaue de la dicte mer » (1).

Donc nous inclinons à penser que la destruction de la première église de Mers doit se placer vers le milieu ou à la fin du XIVᵉ siècle.

On peut objecter sans doute que le pays serait alors resté, près d'un siècle, sans église, si, comme on le pense généralement, l'église actuelle remonte seulement au commencement du XVIᵉ siècle. Mers n'aurait pas été seul dans ce cas, et enfin la rigueur des temps qui vont suivre suffit peut-être, à elle seule, à dissiper l'objection.

La *nouvelle église Saint-Martin* est des plus modestes. Mais, avant d'y pénétrer, faisons-en le tour. « Le cime-
« tière, dit M. Prarond (3), nous a rappelé les vers écrits
« sous l'enclos même, en vue de la mer montante ».

> Le sommeil n'a rien d'effrayant
> En ces lieux où finit le monde ;
> Tout est calme, paisible et grand,
> Quand tout parle haut à la ronde.

J'ai fouillé le cimetière, interrogé tous les gens du pays, et n'ai vu nulle part l'inscription dont parle le savant auteur. Je compte sur vous, mon cher ami, pour faire cette trouvaille.

Un mot seulement de la *grande croix du Cimetière* : elle provient de l'ancienne ferme de Rompval.

L'église actuelle, depuis sa fondation, a déjà subi des changements importants. Bien qu'on ait laissé près de 400 mètres entre la mer et la nouvelle construction, en moins de quatre siècles, les érosions de la falaise ont forcé, il y a cinquante ans environ, à *déplacer le clocher*

---

(1) Martin, op. cit. p. 78.
(2) De même encore Notre-Dame du bourg d'Ault était autrefois, en mer, à 300 mètres environ de la falaise actuelle.
(3) Prarond, op. cit. Vº Mers.

qui, primitivement, était en façade sur la mer. L'église, construite en briques, grès et silex, avec son clocher bas, couvert en ardoises, sa nef, couverte en tuiles et son chœur plus élevé, ne mérite point de retenir plus longtemps votre attention.

Entrons-y donc ensemble, si vous le voulez bien.

Une *inscription en marbre blanc*, autrefois placée par terre à l'entrée du chœur et actuellement fixée contre le mur, côté de la chapelle de la Vierge, est ainsi conçue :

> « 𝕯ilexi decorem domus tuae »
>
> « *Cy gît M.* MICHEL DUPONT, *curé et bienfaiteur de cette paroisse, décédé le 29 may 1689, qui a donné la maison pour le prêtre clerq, deux journeux pour l'entretenir, deux autres journeux acquis au nom du dit clerq, la maison qui sert présentement de Presbytère et 20 liv. de rente, à condition d'une messe tous les lundis à perpétuité et autres charges suivant son testament dud. jour 29 may 1689, au registre de Chevalier, notaire au Bourg d'Ault, et la transaction faite avec ses héritiers, laquelle est chez François Le Bœuf, greffier de ce lieu* ».
>
> « 𝕽equiescat in pace »

Il semble bien que M. le curé Dupont (1) ait intéressé à l'embellissement de son temple, son Altesse Royale, *Mademoiselle de Montpensier*, qui devait trouver dans la piété une consolation aux chagrins cuisants que lui causaient les *grossièretés de Lauzun* et la *disgrâce du Roi* (1680).

---

(1) Avant la révolution, la paroisse avait un curé et un vicaire. Le presbytère, après avoir servi de mairie, pendant la révolution, revint à sa destination première. Quant au Vicariat, il devint maison d'école mixte, plus tard école de filles, enfin bureau de poste.

La décoration de l'Eglise remonte à cette époque. Au-dessus de chaque petit autel de la Vierge et de Saint-Joseph, se trouvent trois vases en bois sculpté, d'où sortent des flammes ; et l'un d'eux porte la date de 1680.

Le *rétable* de 1685 passe aussi pour avoir été donné par la grande Mademoiselle (1).

Les armoiries qui ornent ce rétable ne permettent pas de croire à cette libéralité. Tout le mérite doit en revenir aux *Lannoy.* Ces deux écus se trouvent : (2).

1° *Côté de l'Evangile*

Ecartelé, aux 1 et 4 d'argent à trois lions de Sinople, armés et lampassés de gueules, couronnés d'or, 2 et 1 (qui est de Lannoy de Flandre) — aux 2 et 3 échiqueté d'or et d'azur de quatre traits (qui est de Lannoy Damcraucourt).

Notons en passant que les de Lannoy Damcraucourt se disaient une branche des Lannoy de Flandre, famille illustre dont était un comte de Lannoy qui, en 1525, fit François 1er prisonnier à Pavie. — Les premiers qui portaient d'or et d'azur échiqueté à 25 pièces associèrent leurs armes à celles des seconds. Le blason du héros du Quesnoy aurait dû leur suffire (3). Que vous en semble ?

2° *Côté de l'Epître*

Ecartelé, aux 1 et 4 d'argent à quatres bandes de gueules, (qui est de Belloy Castillon) ; aux 2 et 3 contre-écartelé aux 1 et 4 de France (qui est d'azur aux 3

---

(1) Deux rétables à peu près semblables ornent les églises de Saint-Pierre en Val et de Monchy-sur-Eu. — Mlle de Montpensier portait : d'azur à trois fleurs de lys d'or au lambel d'argent.

(2) M. le comte de Louvencourt a bien voulu déchiffrer pour nous ces armes fort compliquées.

(3) A l'assaut du Quesnoy, en 1479, Louis XI vit le jeune Raoul de Lannoy se faire jour au plus épais des ennemis. Il le fit venir, lui passa au cou une chaîne de 500 écus en disant : « Par la Pâque-Dieu, mon ami, vous êtes trop furieux en un combat. Il vous faut enchaîner, car je ne veux pas vous perdre » Duruy, op. cit. t. 1. p. 571.

fleurs de lis d'or, 2 et 1) ; aux 2 et 3 d'or à 3 tourteaux de gueules (qui est de Courtenay.)

Les Courtenay descendaient de Pierre, septième fils du roi de France, Louis le Gros qui, en 1150, épousa Elisabeth, héritière de Courtenay dont les descendants prirent le nom à cette date.

Ces armoiries sont donc celles de Charles Comte de Lannoy, Seigneur de Dameraucourt, Auxy-le-Château, La Motte-Croix-au-Bailli, Mers, Bosrocourt, Sallenelle, etc., gouverneur des villes, château et comté d'Eu et Tréport, qui épousa, le 17 août 1675, Dame Antoinette de Belloy de Castillon.

Ces armoiries de la fin du XVIIe siècle, correspondent bien à la date sculptée sur le rétable : 1685.

A Mers, on n'hésite pas à attribuer ce rétable aux *frères Anguier*, célèbres sculpteurs, nés à Eu, dont les noms, je n'ai jamais su pourquoi, sont presque partout et toujours accolés. Mais remarquez d'abord que *François* était mort en 1669. Ce serait donc *Michel* seul (1612-1686) qui aurait fait ce travail. On ne retrouve pas là, il faut l'avouer, le ciseau de l'artiste à qui l'art français est redevable de l'Amphitrite de Versailles, des bas-reliefs de la Porte Saint-Denis et de la Nativité du Val-de-Grâce.

Les *fonts baptismaux* actuels, sans aucune valeur artistique, ont remplacé, il y a 12 ans, une ancienne cuve en grès qui, elle, au moins, avait le mérite de l'ancienneté.

Les *cloches* de l'Eglise de Mers présentent les inscriptions suivantes :

N° 1. — L'an 1831, j'ai été bénite par M. François Guilbart, curé de Mers, et nommée *Marie* par M. J.-B.-Paul Jolly, maire de Mers, et Mlle Marie Lebeuf de Sainte-Croix, commune du Tréport ; Saumon, trésorier en charge.

N° 2. — L'an 1863, j'ai été bénite par M. Demay, curé doyen d'Ault, et nommée *Pauline-Jean-Baptiste*, par M. Louis-J.-B.-Chrisostome Le Beuf, fils du maire et Melle Pauline Ferrand, en présence de M. Barbe, curé de Mers et de J.-B. Le Beuf Wattré, maire.

N° 3. — L'an 1863, j'ai été bénite par M. Demay.... et nommée *Sophie-Louis Gilles* par M. Augustin Bisson Delaroque, conseiller d'arrondissement à Bourseville et par Mlle Sophie Bisson Delaroque, propriétaire de Blingues, en présence de M. Barbe....

Ces deux dernières cloches sont signées : Cartenet frères, fondeurs à Gueutteville, près Saint-Valery-en-Caux (1).

Citons enfin et pour mémoire *Notre-Dame des Flots* (encore comme à Sainte-Adresse), Vierge inaugurée le 18 août 1878, amer pour les pêcheurs de la côte, et but de la procession annuelle du dimanche qui suit le 15 août. De ce point de la Falaise, par certaines nuits claires et sans brume, le touriste découvre, à l'œil nu, à droite le feu d'Ailly au-delà de Dieppe, à gauche l'hôpital de Berck et les phares jumeaux d'Etaples et, devant lui, « la mer immense et sans limites ».

Ces longues parenthèses ont le tort de couper le récit ; c'est vrai. Mais le résultat ne serait-il pas plus mauvais encore, si les faits qui les composent occupaient dans ce travail leur ordre chronologique. A la faveur de cette observation, revenons donc à Mers que nous avons quitté privé de son église primitive, vers le milieu de la fin du XIVe siècle.

Les Anglais, maîtres de Calais, pouvaient, en une marée, aborder notre littoral. C'est ainsi qu'en 1367 ils brûlèrent l'abbaye du Tréport ; Mers était éclairé des sinistres lueurs de l'incendie qui dévora les combles et les flèches

---

(1) Sur les cloches, communication de M. le curé de Mers.

hardies de la nouvelle église. Deux ans après, ils pillent et brûlent la ville d'Eu, et, en 1413, ce qui restait de l'abbaye de Saint-Michel devait être de nouveau incendié par les Anglais à leur retour de leur inutile tentative sur Dieppe (1).

Au rapport de M. R. *de Belleval* « *le 20 juillet 1407, fut livré à Mers un combat très vif, dans lequel fut tué Morelet de Saveuse* (2) ». Plusieurs auteurs ont également mentionné ce combat. Cependant le silence du Livre Rouge à son endroit nous paraissant inexplicable, nous avons eu à cœur de faire un peu de lumière sur ce point de l'histoire de Mers.

Si, actuellement, il n'y a en France que deux communes du nom de Mers, il est certain qu'il devait autrefois se trouver des localités portant un des nombreux noms que nous avons relevés plus haut, noms qu'on a pu à tort appliquer au pays qui nous occupe.

Au sujet de la Charte Communale, vous avez vu que M. Prarond avait dû être induit en erreur par une ressemblance de nom.

Nous inclinons à penser que M. de Belleval a été lui aussi victime d'une méprise du même genre. Car on lit dans *la Morlière* : « Morlet, seigneur de Saveuse, Fleschelles, premier chambellan des rois Charles V et Charles VI, finit ses jours, au récit de Montrelet, en 1405, devant le château de *Merch*, à une bonne lieue de Calais, que Valleran de Luxembourg, comte de Saint-Pol et gouverneur de Picardie, tenait assiégé » (3)

A nos yeux, ces indications précises s'appliquent à *Marck* près Calais, encore aujourd'hui gros bourg de

---

(1) Le Bœuf, op. cit. p. 185.
(2) René de Belleval, les fiefs et les seigneuries du Ponthieu et du Vimeu — Les Saveuse portaient de gueules à la bande d'or accompagnée de 6 billettes de même, trois en chef et 3 en pointe.
(3) Adrien de la Morlière, chanoine de l'Eglise Cathédrale d'Amiens. p. 164. Paris, Sébastien Cramoisy. 1642.

plus de 2000 habitants, qui, au XVe siècle, avait un château, tandis qu'il n'y en a jamais eu à Mers.

L'heure de la délivrance allait bientôt sonner ; le sentiment national s'était réveillé à la voix de *Jeanne d'Arc*.

Notre littoral devait conserver les dernières empreintes de ses pas. On sait en effet (1) que, faite prisonnière, le 24 mai 1430, à Compiègne, elle fut amenée en août à Beaurevoir, dans l'Aisne. En novembre, nous la voyons à Arras, à Drugy près de Saint-Riquier, au Crotoy ; en décembre, à Saint-Valery-sur-Somme et à Eu. Il est étrange que Le Bœuf n'ait pas signalé son séjour dans cette ville. Il est cependant bien acquis qu'*Eu fut sa dernière station* avant d'aller à Rouen où, le 30 mai de l'année suivante, l'appelaient sur le bûcher « ses voix qui étaient de Dieu, ses voix qui ne l'avaient pas trompée ».

Bref, le littoral tout entier, les châteaux de Rambures, de Saint-Martin-le-Gaillard, la ville de Monchaux (Soreng) ne devaient commencer à respirer que le jour où Charles VII, ayant achevé l'œuvre de Jeanne d'Arc, entrait triomphalement à Bordeaux, le 19 octobre 1453 ; la guerre de Cent ans était finie ; les Anglais ne possédaient plus en France que Calais et deux petites villes voisines.

Louis XI avait élevé le comté d'Eu en comté-prairie, et Charles d'Artois en avait porté la prospérité à son apogée, quand le roi, craignant qu'Edouard IV d'Angleterre ne s'emparât d'Eu y fit mettre le feu, le « *mardi piteux* », *18 juillet 1475*. Les moulins, cinq églises et les hôpitaux échappèrent seuls à l'incendie. « *Les habitants ruinés allèrent s'établir dans les localités voisines* » (2).

---

(1) H. Wallon, Jeanne d'Arc, page 112. — Paris, Didot, 1876.
(2) Darsy, op. cit. p. 138; Le Bœuf, op. cit. p. 211.

Mers dut à cette barbare mesure politique un léger accroissement de sa population (1), Dieppe sa prospérité.

L'incendie d'Eu devait enflammer la verve des poètes du pays. Sous Louis XI, *l'Excidium Augi* fut mis en vers latins par un prêtre nommé Roussel ; en 1706, Taillet, curé de Saint-Jacques d'Eu, dédiait à M. Charles, dernier bailli de cette ville, des vers très Gaulois dont Scarron a laissé le modèle (2). Enfin, en 1876, un poète Eudois contemporain chantait la même journée en Alexandrins tour à tour sonores ou dolents :

« Ce mardi portera le surnom de Piteux.
« Hélas ! que de candeur dans ce mot souffreteux ! (3)

Le *21 août 1523*, jour et fête de la Saint-Barthélemy, les Anglais alliés de Charles-Quint, visitaient encore nos côtes. Le Livre Rouge, nous donne une instructive énumération de leur flotte. « Y avait leurs grands navires lesquels estoient au nombre de vingt-et-deux, dont il y en a à trois bancs et l'aultre pluspart à deux, sans les *barques* qui estaient environ 50 et sans les *flobards* » (4).

« Deux des grands se descendirent près la pointe du
« *Hable*, le quel est, pour lors, plus près de Mers que
« du Tréport » (5).

---

(1) L'incendie avait fait de tels ravages que 23 ans après le château n'avait pû être restauré à en juger par cette évaluation du comté d'Eu en 1508. « Y eu chatel et forte place de présent démolis, clos de murailles et fossés... et à présent, y a au lieu où était le dit chatel, une maison plate seulement ». Thérin, op. cit. p. 52.

(2) D. Le Beuf op. cit. p. 172 à 46.

(3) Steph. Longchamp. Annales de la ville d'Eu, essai poétique, p. 10. Eu, Heurtaut, 1876.

(4) Il est permis de supposer d'après ce passage de la Chronique que les Tréportais empruntèrent aux Anglais leurs modèles de bateaux ; les *barques* et les *flobards* ; le Livre Rouge, dans son récit de la deschente des Anglais en 1340, disait simplement qu'ils avaient environ IIIIXX et plus, vaisseaux grans et petits.

(5) M. Step. Longchamps. op. cit. p. 27 en note, traduit *hable* par « Banc de galets entre Tréport et Mers », mais les Dictionnaires de Du Cange et de Trévoux font de ce mot un synonyme de Havre. Le Hable d'Ault est encore là pour confirmer leurs opinions.

Aidés des Eudois, les Tréportais et les Mersois accueillirent les Anglais à coups de fusil (Le Fils), ou de canon (Le Beuf), (1) d'artillerie (La Chronique). Finalement ils furent repoussés, après avoir perdu « plus de 250 hommes, sans les blessés dont il peut estre mort plusieurs ».

Toutefois, les Anglais ne s'étaient retirés qu'après avoir mis le feu à *l'Enguennerie* du Tréport.

Nous avons cru tout d'abord que ce mot devait signifier arsenal. Mais si, à l'origine, il pouvait avoir ce sens restreint que nous avons expliqué plus haut, il y a lieu de penser que déjà le mot engin était synonyme de machine de guerre ou autre. L'enguenerie (orthographe du Livre Rouge) était vraisemblablement une corderie habitée, car les dégâts causés par l'incendie furent peu importants et « il y avait peu de biens, pource que les mesnages y demourants les avoient transportés et sy y demoura bonnes maisons. »

Le pays commençait à se remettre de tant de secousses, quand, vingt-deux ans plus tard

« Par un *ribaut* et faute de support,
L'an mil cinq cent quarante-cinq compris,
Le second jour de septembre fut pris
Et mis en feu des Anglois le Tresport. »

C'était la quatrième fois que le Tréport était brûlé. Les Anglais, conduits par sire Dudley, entrèrent par la gorge de Ménisval, que « leur aurait indiqué un capitaine traître à son pays ».

M. D. Le Beuf, s'emparant sans doute des termes de la Chronique, visait alors dans la personne de ce traître un individu du nom de Ribaut (Eu et le Tréport 1842). Les historiographes ne l'ont que trop copié en cela.

---

(1) Le Fils, géog. hist. op. cit. p. 189; Le Beuf, Eu et le Tréport, op. cit. p. 155.

Mais il est à remarquer que, dans son ouvrage sur la ville d'Eu en 1844, il n'ose reproduire son accusation, se contentant de copier les quatre vers de la Chronique, sans aucun commentaire ; et il a eu raison.

Notons, en effet, que Ribaut est écrit dans le Livre Rouge sans lettre majuscule. Ce livre est si mal écrit que l'argument n'a point grande portée ; c'est vrai. Mais le *un* qui précède *Ribaut* n'aurait de valeur que s'il était suivi d'un nom propre connu enlevant à ce nom propre son sens particulier pour en faire une sorte de nom général : Un Mécène, un Harpagon, etc.

Or, Ribaut n'est même pas un nom de famille que nous ayons pu relever dans les archives du Tréport, et dès lors pourquoi ne s'en pas tenir simplement à la définition de Du Cange : « Enfant perdu, valet d'armée, goujat, libertin, homme de néant ». Le savant Amiénois renvoie au nom Ribaldi ; vous pourrez vous y reporter ; mais c'est bien là, mon cher ami, que

« Le latin dans les mots brave l'honnêteté ».

Donc Ribaut n'est pas un homme du pays ; c'est un inconnu, un homme de rien, c'est-à-dire capable de tout. Mais ce Ribaut, s'il en a jamais existé un, je devais le réhabiliter, dussiez-vous me taxer de Donquichottisme.

Heureusement, il nous est possible de donner sur cette descente des Anglais en 1545 des renseignements plus précis que ceux du Cartulaire Rouge, auquel les historiographes d'Eu et du Tréport se sont seulement référés, alors qu'ils avaient sous la main un document précieux, que sut bien découvrir un de vos confrères.

En 1854, *M. Cocheris*, membre titulaire non résidant de la Société des Antiquaires de Picardie, trouvait sur la feuille de garde d'un vieux missel conservé à la Bibliothèque du collège d'Eu, les vers suivants :

> L'an mil cinc cens quarante cinq,
> Le IIe jour de Septembre,
> Les Anglois au cueur malin
> Sont venus en France descendre ;
> A Mesnival sont allez rendre
> De grant courage ; par grant effort,
> Ils ont brulé et mis en cendre
> Les *Granges Mehon, Mers* et Tresport (1).

Ces granges portant sans doute le nom de leur propriétaire, un sieur Mehon, devaient être situées sur le mont Huon (2) où, en 1758, Cassini relevait les *granges* à l'emplacement de la *ferme des granges* actuelle.

La fin du règne de *François I*er marque la plus triste période de l'histoire de Mers. Les discussions interminables sur la jouissance des Mayculs avaient entravé l'élevage des bestiaux ; les modifications apportées au cours de la Bresle avaient grandement diminué les produits de la pêche d'eau douce ; le port n'existait plus ; les salines étaient délabrées, l'incendie de 1545 porta à son comble la misère du pays (3).

On peut presque dire qu'ici s'arrête la vie guerrière de Mers.

Cette date de 1545, sorte de borne placée à mi-chemin des temps que nous avons parcourus et de ceux qu'il nous reste à franchir, semble une étape toute indiquée dont nous allons profiter, mon cher ami, pour jeter un coup d'œil rapide sur Mers et ses dépendances.

Si, comme nous l'avons établi plus haut, Mers, au temps de la 2e croisade, eut ses seigneurs, il semble bien que les domaines de Mers et de La Motte Croix au

---

(1) Bulletin de la Société des Antiquaires de Picardie, année 1855 — n° 2, p. 262. — Amiens, Duval, 1855.

(2) Mont Huon : Mons Hugonis, montagne de Hugues.

(3) Des incendies récents ont désolé Mers notamment en 1824, 1828 et 1868 ; mais nous ferons ici remarquer que la *Rue Brûlée* porte ce nom de temps immémorial.

Bailli ne tardèrent pas à être réunis dans les mêmes mains.

Mais, dans les dernières années de Henri II, des seigneurs étrangers avaient déjà des droits sur Mers. Je n'en veux pour preuve que *l'arrière Ban d'Amiens* qui fut levé en *octobre et novembre 1557*. Adrien le Clercq, commis, y reçut les déclarations suivantes de Robert de Loisy, seigneur de Bospocourt (1) : de luy, un aultre fief séant à Mers, tenu de la chatellenye d'Aoust, qu'il a déclaré valloir la somme de 33 l. 10 solz, taxé à la dite raison de 6 solz pour livre, à la somme de 10 l. 11 solz, 6 deniers tournois, — de luy, un aultre fief abbrégé audict lieu de Mers, tenu de la Seigneurye de Cantepye, qu'il a déclaré valloir, la somme de 50 solz tournois, taxé à la dicte raison de 10 solz pour livre, à la somme de 15 solz tournois (2).

C'est ainsi encore que M. de Franval laissait en 1793, aux pauvres d'Eu, une ferme située à Mers, d'un revenu de 300 livres (3) (4).

Quoiqu'il en soit, les trois fiefs ou agglomérations de terres dépendant de Mers étaient *Froideville*, sur la route d'Eu, *Blingues* et *Rompreal* sur celle du bourg d'Ault, ces sites charmants où tant de fois, mon cher ami, nous avons promené nos loisirs.

FROIDEVILLE était, à coup sûr, le plus important de ces fiefs (5).

Aux yeux de certains historiens, Froideville aurait

---

(1) Ne serait-ce pas *Bosrocourt*, annexe de Saint-Remy, près Eu, sur la route de Dieppe ?

(2) Vte. de Beauvillé, op. cit. t. III. p. 439.

(3) Le Beuf, op. cit. p. 118.

(4) Le *Journal d'Amiens* du 22 janvier 1891, dans un compte rendu de M. Boudon, disait qu'en 1465, le chapitre de Notre-Dame d'Amiens possédait des biens à Mers. C'est une erreur. Il faut lire *Mes*, Pont-de-Metz-les-Amiens.

(5) Froideville : Frigida villa (?).

même été le berceau de Mers. C'est ainsi que, les identifiant, pour ainsi parler, M. Bordier écrivait « un seul
« vestige de l'antiquité de Mers reste encore à Froideville.
« Une pierre sur laquelle sont sculptées les *armes d'un*
« *Chevalier Normand* est incrustée dans le mur de clôture
« d'une ferme qu'on dit avoir été construite sur l'emplacement d'un ancien château remontant aux croisades et
« qui était tombé en ruines, à la suite d'une *catastrophe*
« qui s'y était passée » (1).

Que M. Bordier ait trouvé une preuve de l'antiquité de Froideville, dans les vestiges romains qui abondent en cet endroit, je le veux ; mais, à coup sûr, ces armoiries devaient, au contraire, le prémunir contre l'erreur dans laquelle il est tombé (2).

Le touriste pourra voir cet écusson « à une fasce, accompagnée en chef de deux roses et en pointe d'un croissant, supporté par deux licornes et surmonté d'un casque timbré d'une licorne ».

On chercherait en vain ces armes dans celles que portaient les Croisés. Ce sont celles des Mithon (d'azur à la fasce d'or accompagnée en chef de deux roses d'argent et en pointe d'un croissant de même) qui étaient précisément seigneurs de Froideville.

Ces armoiries de la ferme de Froideville ne sont pas non plus, comme on le croit généralement à Mers, celles des Lannoy. Les de Lannoy Laboissière et ceux de Flandre (3) n'avaient point d'armoiries se rapprochant de celles de Froideville ; ce ne pourraient être alors que les de Lannoy Dameraucourt, dont le nom se trouvera en effet mêlé à notre histoire ; or, ils portaient : échi-

---

(1) A. Bordier, le Tréport et ses environs, Eu, 1875.
(2) M. Horace Moisand, Le Tréport et ses environs, p. 233, a réédité cette erreur. Paris, Soc. des villes d'Eaux.
(3) V. Moreri, V° Lannoy ; — Goze, notice sur Folleville, Montdidier, Radenez. 1865.

queté d'or et d'azur à 25 pièces (1), avant d'avoir cédé, comme je l'ai dit plus haut, à la faiblesse d'écarteler leur blason.

Toutefois, les armoiries de Froideville sont bien celles d'un noble, puisqu'elles sont surmontées d'un casque, signe distinctif des gentilshommes.

Les *Mithon, seigneurs de Froideville*, ne remontaient pas aux Croisades, vous disais-je naguère.

C'est, en effet, en 1573 seulement, que nous voyons apparaître ce nom pour la première fois, si encore il est permis de rattacher à cette famille « Mithonus de Beaucamp, maître ès-arts, tenant escole à Eu ».

Le premier seigneur de Froideville n'apparait, en réalité, que l'année suivante, avec « honorable Richard Mithon, maire de la ville d'Eu, seigneur de Froideville. »

En 1580, nous trouvons, mais sans pouvoir essayer même de fixer des degrés de parenté entre ceux qui précèdent et lui, Richard Mython, bailli du comté d'Eu.

La pierre de la ferme de Froideville n'avait pu encore être sculptée, car ce n'est qu'en 1620, qu'un autre Richard Mython, également bailli au comté, a été anobli.

Puis en descendant le cours des âges, en 1627, nous rencontrons Johan Mithon, maire à Eu ; en 1636, Nicolas Mithon, conseiller aux grands jours du Comté d'Eu ; en 1640, Richard Mithon, écuyer, bailli du comté d'Eu et qui, peu après, devenait maire de cette ville.

En 1660, Richard Mithon, écuyer est porté comme secrétaire du Roi. La famille, à coup sûr, était fort nombreuse, puisque, l'année suivante, Eu nommait à son échevinage Jean Mithon, avocat, vraisemblablement un frère du précédent.

Il n'apparaît pas cependant que tous les membres de

---

(1) A. Bazot et A. Janvier, Nicolas Blasset, Amiens, Jeunet, 1873. description du tombeau de Nicolas de Lannoy et de sa femme, Madeleine Maturel, dans l'église Saint-Remy d'Amiens.

cette famille fussent ambitieux, car, en 1676, le sieur Mithon est dans l'obligation, « malgré ses excuses », d'accepter des lettres de majorité d'Eu, de Mademoiselle de Montpensier (1).

Ici mon embarras devait augmenter encore.

Les ouvrages ou les manuscrits cités nous présentent en 1680, Jean Mithon, écuyer, correcteur des comptes à Paris.

Or M. d'Yauville relève, de son côté, « Nicolas Mitton (alias Mithon), sieur de Titeville, fils de Nicolas, seigneur de Froideville et de Monchy, secrétaire du roi, maire de la ville d'Eu, et de Françoise de la Motte, reçu correcteur des comptes le 21 avril 1657 et resté en fonctions jusqu'en juin 1662 » (2).

Y a-t-il eu un ou deux correcteurs des comptes du nom de Mithon ? Je me contente de vous signaler la difficulté, qui peut faire le bonheur d'un généalogiste.

Enfin, c'est en 1694 que ce nom figure dans notre histoire, pour la dernière fois, avec Jean Mython, maire de la ville d'Eu.

Mais la citation de M. Bordier nous convie à une autre recherche.

A quelle *catastrophe* fait-il donc allusion ?

Ne s'agirait-il pas de cette *Légende de Froideville* que me racontaient dernièrement des gens de Mers et dont je vous garantis, mon cher collègue, le fond sinon la forme ? (3).

---

(1) V. Beauvillé, op. cit. t. III, p. 365 et 439 ; Le Bœuf, op. cit. p. 337 et 404 ; manuscrit de M. du Grosriez, d'Abbeville, communiqué par M. de Louvencourt.

(2) Constant d'Yauville : Chambre des Comptes à Paris, t. II, page 700.

(3) Le lecteur est redevable de cette gracieuse version à la plume élégante de M. Paul Sonniès, qui m'a permis de faire à son manuscrit inédit : « *Les Serments du Baron de Froideville* » des emprunts que j'ai dû restreindre, pour ne pas dépasser les limites que comporte cette lettre.

La Légende de Froideville

« Dieu le veult ! clamait à voix stentorée Maître
« Jacques, l'hermite de la falaise, tout flambant de sa
« propre harangue, en pareille manière que l'âne gris
« du meunier Bertrand, lequel horrifiquement se faisait
« pour à soi-même toutes et quantes fois qu'il pétarra-
« dait.

« Le vent de mer lui tortillait sa longue barbe rousse ;
« et, depuis deux heures passées, debout sur une grande
« pierre, il preschait la guerre sainte contre les Sarra-
« zins maudits et mettait Mahomet en capilotade, voci-
« férant, tempêtant, tonitruant, faisant force moulinets
« de gestes et s'entendait de plus d'un quart de lieue
« par la vallée de Bresle, sans être encore enroué, en
« quoi miracle céleste était apertement manifesté !

« Et tant et tant se démena que la foule qui s'étripait
« et varpouillait autour de lui, seigneurs empanachés,
« bourgeois endrapés, vilains enguenillés, enfants em-
« brenés, morveux et empissés, voire même un couple
« de culs de jatte loqueteux, commencèrent de crier :
« Guerre ! Dieu le veult ! Ce qui donna à Maître Jacques
« le temps de respirer un tantinet et reprendre haleine.

« — Messire Reynold, dit le très haut et puissant Comte
« d'Eu, au noble baron de Froideville, vous seul ne par-
« lez mie. Penseriez-vous que moi, Raoul de Lusignan,
« je ne doive point aller venger la défaite de Gui de
« Lusignan, roi de Jérusalem ? Par la mort-bœuf ! j'ai
« maigri de quinze livres, rien qu'à me souvenir que ces
« damnés Sarrazins le retiennent captif. Etes-vous pas
« d'avis que sa rançon se doit payer à grands coups de
« lances, à bonnes volées de flèches à travers les ven-
« tres payens et belles tambourinades de masses d'armes

« dessus la peau noire et le crâne pelé de tous ces
« moricauds ».

« — C'est noblement pensé, répondit Messire Reynold
« de Froideville, et bien me sourirait de gagner le Ciel en
« faisant force brochettes de têtes de Sarrazins et vou-
« drais voir Pluton, mon cheval de bataille, se vautrer
« le poitrail et chauffourrer à travers tripes de mécré-
« ants. Mais que fera ma noble épouse, la gente Châte-
« laine de Froideville, quand serai si loin et pour si
« long temps ? »

« — Elle filera la laine et tournera le fuseau, en priant
« Dieu qu'il vous ait en sa sainte et digne garde et vous
« octroie la victoire ».

« — Oh ! que nenni ! aussi ne la quitterai-je point
« d'une semelle, par crainte d'accident... ».

« — Le diable m'emporte si je ne vous fais présent
« d'une serrure tant subtile et parfaite que vous pourrez
« dormir en paix ! ».

« — Voire ! Ma nourrice m'enseigna qu'Amour est
« passé maître serrurier en l'année même où cadenas
« furent inventés ».

« — Dites plutôt que ne savez résister aux larmes et
« supplications de votre femme ».

« — Ne le croyez mie, puisque, bien au rebours, c'est
« elle qui m'a sollicité de partir ; et voilà tout justement
« ce qui me donne à penser. »

« Mais il était écrit là-haut que le baron de Froide-
« ville irait en Palestine ; car, au moment précis qu'il
« exposait son cas à Monseigneur Raoul de Lusignan,
« sa femme venait de s'étrangler mortellement d'une
« arête de poisson.

« Lors ce fut beau tapage mené en tout le manoir
« de Froideville où, du haut des tours jusqu'aux sou-
« terrains, hommes et femmes se mirent à geindre,
« crier et se lamenter tous ensemble, quand fut ouïe la

« nouvelle de cette mort tant soudaine et prématurée.
« Bientôt tout ce qu'en cas pareil on est coutumier de
« dire en sentences inutiles et conseils tardifs et frivoles
« fut répété sur tous les tons, sans plus porter remède
« au mal qu'un lavement d'eau bien chaude à un cheval
« de bois. — « Ah ! si les poissons n'avaient pas d'arê-
« tes ! » — « Hélas ! elle eût été mieux avisée de manger
« bonne plantée de tripes, et n'aurait ainsi risqué mou-
« rir que d'indigestion et non par faussté et perfidie
« d'une arête outrageuse... » — « Pauvre chère mai-
« tresse ! pas un mire, pas un barbier à son heure
« dernière, fors un chétif avorton d'apothicaire, qui par
« habitude, lui cherchait l'arête au croupion ».

« Mais, par dessus tout ce grand deuil bruyant, s'en-
« tendait la douleur de la petite Giselle qui s'accrochait
« au col déjà glacé de sa mère, poussait des cris à
« fendre l'âme, sans mot pouvoir dire, et tant était
« secouée à hoquets et sanglots si forts qu'elle tomba
« en pamoison. Force fut donc de la dégrafer et lui
« délacer le corsage. Devant quoy son compagnon de
« jeux, un gentil garçonnet, qui était page du baron de
« Froideville et avait nom Raimbault, demeura ébahi,
« rougissant jusqu'aux oreilles.

« Cependant le Baron donnait des ordres pour son
« départ en terre sainte de Palestine et pour la mise du
« corps de la défunte en terre sainte de Froideville, et
« s'occupait surtout du fourbissement des armures,
« affilement et aiguisement des lances, épées et haches
« de combat.

✽

« Le lendemain, dès l'aube, à l'issue d'une messe
« basse qu'il entendit dévotement à la chapelle, il fit
« mettre prestement la Baronne de Froideville en un
« bon caveau, puis chaussa ses éperons et enfourcha un
« destrier pour aller, avec tous ses hommes d'armes,

« rejoindre la troupe que commandait Raoul de Lusi-
« gnan.

« Cependant la petite Giselle, apercevant que son
« père s'était bouté à cheval et oyant que les trom-
« pettes sonnaient le départ, disait à voix entrecoupée
« et meshcignée : « Las ! c'est donc bien vrai que
« me laisserez céans toute seule en pareille occurence
« de peine, sans que loisible me soit de quester, près
« d'âme qui vive, consolation et allégement de mes
« mortelles douleurs. En cette demeure, jà ne restent
« plus que rustres et varlets, et ne vois plus auprès
« de moi homme ou femme à qui, sans déroger, me soit
« licence permise de faire confidence de mes pensers
« chagrins, pour me tollir du mal de désespérance où
« je suis morfondue ? »

« — Très chère fille, répondit le baron de Froideville,
« les desseins de Dieu sont maîtres souverains de
« notre destinée. Toutes larmes et paroles sont vaines.
« Je vous laisserai donc ici avec dame Gertrude, votre
« gouvernante ; vous prierez pour le succès de nos
« armes, et, avec elle, parlerez de votre père qui est son
« seigneur et maître et le vôtre. »

« — Soyez assuré, mon père, que point ne faillirai de
« lui parler de vous à toute heure ; mais, las ! elle ne
« m'entendra guère, tant elle est sourde et débécillée du
« tympan. Si, du moins, vous me laisseriez encore mon
« compagnon de jeux, votre page Raimbault ? »

« — Si bien ! je vous le laisse et ne veux emmener ni
« femmes ni enfants, mais seulement hommes de guerre
« bien rablés et membrus. Or çà, Raimbault, mettez
« pied à terre ; je vous l'ordonne ».

« Le petit page devint tout pâle, et ses yeux s'empli-
« rent de larmes.

« — Je, dit-il, ai bon courage et me sens la force
« d'occire les Sarrazins ».

« — Certes, vous viendrez aussi les occire, mais
« plus tard, quand la moustache vous sera poussée. En
« attendant ce, demeurez céans, je le veux ! »

« Ce que fit le gentil page Raimbault, qui se laissa
« glisser à terre le long de la queue de son cheval et
« s'en alla, tout morfondu, pleurer derrière le chenil où
« les chiens qui le cognaissaient se mirent à lui lécher
« les mains à travers les grilles et lui faire fête. Ce lui
« fut sa prime consolation, en attendant mieux.

« Enfin le baron de Froideville donna le signal du
« départ.

« — Je, dit-il, étendant sa main droite au-dessus de
« la garde de son épée qui était en forme de croix, ne
« rentrerai cy, qu'après entière défaite des mécréants
« et victoire insigne des Chrétiens. Et, si je manque à
« cette foi jurée, que la colère céleste me poursuive,
« moi et les miens, jusques à la septième génération ».

« Ainsi fit le très noble Seigneur un serment que
« jamais ne devait tenir et perdit belle occasion de se
« taire, en soi bien gardant de téméraires propos, pleins
« de vent et tout boursouflés en fanfreluches de vanité.

« Après le départ du Baron et de ses hommes d'armes,
« Giselle restait anéantie et mornée en défaillance,
« grandement navrée de deuil et d'absence, et pleu-
« rant de l'œil droit sa mère trépassée, ce pendant que,
« du gauche, son père parti en guerre tant lointaine.
« Elle occupait ses journées à songer creux et lire son
« grand livre d'heures dont surtout explorait les belles
« images peintes, en compagnie de Dame Gertrude,
« laquelle était mal en point, en visage de rebec, bossue
« de l'échine, catarrheuse, sourde et presqu'aveugle.

« Ainsi passaient les jours vuides de tout penser
« plaisant.

« Raimbault ne venait guères dans le manoir troubler
« le recueillement et rompre l'ennui dont il était rempli,
« occupé qu'il était au dehors à exercer son corps en
« discipline rigide, assouplir ses muscles et devenir
« bientôt apte à porter l'armure, jouer de l'épée à deux
« mains, rompre lances en champ clos, dompter che-
« vaux fougeux et manier toutes armes ; et en tout
« il excellait, émerveillant fort les badauds qui le
« regardaient besoigner.

« Or, tant il vira qu'en six mois il eût la mine d'un
« jouvenceau bien campé, moult assuré et résolu et
« semblait un jeune athlète qui se prépare ès jeux
« d'Olympie.

« Le plus doux passe-tems était pour Giselle de, par
« la fenêtre, l'admirer et demeurer en rêverie extasiée,
« non qu'elle eût en la gibecière de son esprit aucuns
« menus suffrages de vouloir galant et subtil, car était
« bien au rebours confite en scrupules pieux. Et ce ne
« fut que par ingénue curiosité qu'elle gagna pente
« naturelle à mander Raimbault en sa chambre, où elle
« lisait ses heures, à côté de la vieille qui défilait son
« chapelet et marmottait des oraisons.

« Dès qu'il vit le joli minois de Giselle, le page en fut
« ébloui, car elle avait encore gagné en attraits nou-
« veaux, qui étaient si grand régal pour ses yeux qu'il
« ne sut que lui dire.

« — Il faut bien, dit-elle en soupirant, que j'aie dû, ne
« sais comment et bien malgré moi, vous être contraire
« en quelque chose et vous devenir déplaisante, mon
« ami Raimbault et compagnon chéri, vu que si fort
« m'avez délaissée, depuis de longs jours, et semblez
« m'oublier ? »

« — Je n'ai, n'en doutez mie, dit Raimbault, que joie
« de vous être agréable, et même, si me voulez comme
« esclave, je suis prêt à vous obéir ».

« — Votre langage est courtois, et c'est là répondre
« ainsi qu'un chevalier ferait à la dame de ses pensées ;
« mais je ne la suis point, que je sache, et pourtant
« serait là mon vœu le plus cher ».

« — Certes, vous l'êtes déjà, et n'attendrai pas d'être
« armé chevalier pour vous rendre hommage et porter
« vos couleurs ».

« — Portez-les donc dès ce jour d'huy ; car jamais,
« entendez-le, jamais, mon gentil Raimbault, je n'ac-
« cepterai d'hommage d'un autre ».

« — *Deo gratias !* psalmodia Gertrude qui dormait à
« demi en priant et ronflait de son nez roupieux.

« — Vous ne me dites rien de plus, continua Giselle,
« et je m'aperçois bien que vous ne m'aimez plus
« comme jadis ».

« — Ah ! c'est que je vous aime autrement et cent
« fois mieux ».

« — Jamais ne m'aimerez trop ni assez ».

« — *Dignum et justum est.*

« — Faut-il vous avouer que je n'oserais plus appro-
« cher mes lèvres de vos joues tant roses et vermeilles,
« et ne sais pourquoy.

« — N'est-ce que cela ! Baisez-les, je le veux.

« — *Æquum et salutare,* fit la vieille.

« — Ah ! ma gente Giselle, si jamais suis à aultre qu'à
« vous, je veux bien être sous vos yeux mué en capri-
« mulge ou en coquecigrue ! ».

« — *Amen !* marmotta Gertrude, puis s'endormit.

« N'espérez mie que j'entreprenne de vous narrer par
« le menu la fin de ce devis, sinon que la tendre
« Giselle perdit bientôt l'entière mémoire de la distance
« qui sépare une très haulte et noble damoiselle d'un
« simple page, de petite naissance.

« Or, à cet instant précis où nos deux amants se
« juraient de s'adorer pour le moins jusqu'à la mort, et
« de, pour cette terrestre et misérable vie, s'unir par
« mariage, sitôt après le retour du baron Raynold, celui-
« ci prenait un engagement solennel, en levant au bout de
« son bras droit la croix de son épée. Et voici pourquoy
« il fit ce nouveau serment.

« La journée avait été rude ; mais enfin, les mécréants
« étaient demourés maitres du terrain et avaient mis à
« mal les chevaliers chrétiens, tous morfondus et navrés
« de coups meurtriers, estourdis et effondrés. Or le
« baron de Froideville avait perdu son casque, sa cui-
« rasse, sa hache, ainsi que Pluton, cestui cheval em-
« broché par la lance d'un Sarrazin.

« En ce danger pressant, le Baron Raynold se voyant
« exposé à tomber vivant ès mains des infidèles, fit un
« suprême effort pour sauter en croupe d'un chevalier
« chrétien. Il ne se trouva près de lui qu'un gentilhomme
« Limosin, appelé Pompidou. Il s'accrocha donc à la
« selle d'icelui et mit le pied dans l'étrier pour enfour-
« cher le cheval. Mais Pompidou, étant couard de sa
« nature et craignant que son cheval, chargé d'un poids
« nouveau, n'eût plus la force de courir assez vite pour
« le tirer de ce mauvais pas, réussit à se défaire du
« baron, vu que cestui Seigneur, affaibli par blessures et
« fatigue, venait de perdre connaissance ; ce qui permit
« à Pompidou de traitreusement lui desserrer ses doigts
« crispés et le culbuter derrière lui du haut de la selle.
« Mais comme le blessé avait un pied pris dans l'étrier,
« il n'en demeura pas moins accroché au cheval et fut
« traîné à l'escorche-cul jusqu'au beau milieu du camp
« des Croisés

« Et quand il reprit ses sens, Pompidou l'assura qu'il

« venait de lui sauver la vie, non sans avoir, au péril
« de ses jours, pourfendu, rompu et démantibulé pour
« le moins quarante Sarrazins.

« A quoi le baron de Froideville, qui venait de retrou-
« ver la parole, répondit en s'écriant : « — Et moi, je
« jure, par Saint-Martin, que pourrez me demander tout
« ce que puis donner quand ce serait tous mes fiefs
« et la main de Giselle, ma fille unique ; je vous en
« investis maître et seigneur. Et si je manque à la foi
« jurée, que la colère divine me poursuive, moi et tous
« les miens jusqu'à la septième génération ».

« Pompidou n'eût garde de refuser ; car, en son pays,
« il ne lui restait plus un lopin de terre au soleil ni un
« escut vaillant. De ce fut qu'il devint le meilleur
« ami du baron et le détermina à s'embarquer avec
« lui pour le pays de France, où ils advinrent tous
« deux fort éclopés, efflanqués et tirant la langue, mais
« remerciant Dieu quand même de leur avoir laissé à
« chacun deux bras et deux jambes, ou peu s'en fallait.

❦

« Quand donc ils arrivèrent à la porte du manoir, on
« leur tendit par le guichet un pain bis, deux gobelets
« d'eau bien fraîche et deux petits escuts, les prenant
« pour mendiants esgous, hordous et embousés. Adonc-
« ques Messire Reynold entra en colère terrible, se mit
« à crier son nom à tue-tête et brimballa la clochette si
« longtemps et si fort que Giselle et Raimbault accou-
« rurent à toutes jambes, l'un suivant l'autre.

« Sitôt que la porte s'ouvrit, le baron détacha un coup
« de pied seigneurial dans les fesses du guichetier qui le
« reconnut incontinent.

« — Doux Jésus ! s'exclama Giselle, c'est mon père
« lui-même qui revient en tel équipage ! Et tous nos
« soldats, qu'en est-il advenu ? »

« — Ils sont morts et dorment en Terre Sainte, répon-
« dit le Baron, en ôtant la loque crasseuse qui lui ser-
« vait de chaperon, mais, si je les ai perdus, j'ai du
« moins la consolation d'avoir trouvé en Palestine un
« fidèle ami que voici et que j'ai hâte de vous présenter,
« car j'ai résolu qu'il serait votre époux... Mais vous ne
« répondez rien... Par la Sambregois ! j'aperçois des
« larmes couler. Notre choix aurait-il lieu de vous
« déplaire ? Ce serait tant pis pour vous. J'ai juré ma
« foi de gentilhomme ; je tiendrai mon serment ».

« — Ah mon père ! N'avez-vous pas juré aussi de
« revenir vainqueur ? Dieu ne l'a pas voulu. Il ne vou-
« dra pas que vous brisiez mon cœur en disposant de
« moi contre mon gré. »

« — Or sus ! trêve de propos mutins ! J'ai dit : je veux ;
« et ce que je veux sera. Donc, moi vivant, vous n'au-
« rez d'autre époux que le chevalier Pompidou ; et puis-
« qu'il vous plaît vous lamenter incongruement, sortez
« de devant mes yeux, et n'y reparaissez qu'en mine
« accorte et avenante et belle humeur de soumission. »

« La pauvre Giselle s'en alla, toute penaude, se réfu-
« gier en la chapelle, ce pendant que Raimbault demeu-
« rait seul avec Pompidou ; car ce fut au pauvre page
« lui-même que le baron donna mission d'accompagner
« le Limosin et le faire duire en ses appartements.
« Mais, avant de lui dicter cet ordre, il s'était mis à rire
« au nez de l'amoureux, quand cestui jouvenceau lui
« eut déclaré son amour pour Giselle et l'eut supplié en
« grâce de lui octroyer sa main.

« — Vous êtes un fol, lui dit-il, et me semblez bien
« osé, étant de si petit lignage, de vouloir bien hausser
« votre misérable origine à égaler mon noble blason, et
« mériteriez d'être fouetté jusqu'à la cacque-sangue, si
« pitié je n'avais de votre jeunesse ».

« Sitôt que, seul à seul, Raimbault se trouva en face de

« Pompidou, croyant être devant quelque preux et féal
« chevalier, il se jeta à ses pieds, embrassa ses genoux
« et lui narra, à grands sanglots, son amour pour Giselle
« et l'espoir qu'ils caressaient tous deux de s'épouser.

« Il pensait bien ainsi le distraire de tel mariage.

« Mais Pompidou qui avait plus grand souci de l'ar-
« gent que de la femme, lui répondit que c'était là très
« mince détail, vétille, billevesée, si peu que rien, qu'il
« ne fallait pas se forvoyer dans le passé et chausser
« des lunettes pour quérir des sujets de jalouse humeur,
« qui, au demeurant, ne sont que triqueniques dont il
« n'était guère séant de s'empaletoquer la cervelle.

« D'un tel discours, Raimbault fut si outré qu'il se
« rua à poings fermés sur le Limosin ; et, lui fracas-
« sant le nez, les badingoinces et les dents incisives, il
« lui accomoda tout le visage à la casse-museau.

« Lors Pompidou tira sa grande épée et Raimbault
« incontinent son poignard ; puis, parant l'attaque,
« porta un coup si terrible qu'il eût, pour le moins,
« ouvert le ventre du Limosin et l'eût dépopulé de
« tous ses boyaux, si l'autre n'avait fait volte-face, en
« sorte qu'il fut navré et perforé par autre côté, et se
« prit à geindre comme un grand veau plourart, et
« torticuler en manière d'anguille à l'escorche-vif.

« Ayant ouï ses cris horrifiques, le baron de Froide-
« ville accourut, et Raimbault n'eut que le temps de
« s'esquiver et retrouver son amie en la chapelle, d'où
« il parvint à l'entraîner, en toute hâte, hors du manoir,
« passant la poterne, traversant le souterrain et gagnant
« les champs.

« Les pauvrets ne savaient plus à quel saint se vouer
« et se disaient que l'heure était venue de s'aller aimer
« en Paradis et laisser sur terre le seigneur de Froi-
« deville se consoler avec son ami Pompidou. Mais las !
« on ne leur bailla guère le temps de réflexion ; car, à

« peine finissaient-ils de gravir la haute falaise de
« Mers, qu'ils se virent enveloppés et cernés par les
« gens du Château qui étaient à leurs trousses et les
« pourchassaient à grands cris.

« A leur tête courait le Baron, vociférant et clamant
« qu'il ne se ferait faute bientôt de châtier le jeune
« coq qui avait séduit la propre poulette de Froideville,
« et toujours disait que, pour commettre semblable
« forfait, ce page du Diable avait vendu son âme à
« Belzébuth et fait usage de maléfices et sortilèges,
« tant il était incrédible et impertinent que si haute
« damoiselle pût aimer jouvenceau de si petit lignage
« et vouloir se mésallier et déroger ainsi sans le pater-
« nel aveu.

« Adoncques nos deux amants, se voyant pris et
« perdus à jamais l'un pour l'autre, préférèrent être
« morts que vivre séparés ; et, s'enlaçant dans un su-
« prême baiser, se jetèrent à plongeon du sommet d'es-
« carpement de la falaise en la mer écumante où, le
« lendemain, ils furent trouvés à la basse-marée, se
« tenant encore serrés, sur le lit froid des blanches
« roches de Blongues.

« Le très puissant baron de Froideville était demeuré
« bouche bée et tout consterné de semblable trépas ;
« car il avait tout prévu, hormis telle aventure de deuil
« et châtiment si terrible. Et comme, dans le fond de
« son être, il n'était pas la moitié si méchant qu'il
« tâchait de le paraître, il s'abandonna au plus ter-
« rible désespoir, s'accusant à haute voix et se frap-
« pant la poitrine, déchirant ses vêtements, et s'arra-
« chant les cheveux et la barbe. Il demeura trois jours
« sans boire ni manger ; après quoi, fit faire des obsè-
« ques magnifiques aux deux amants et les fit mettre
« côte à côte dans un même caveau.

« Mais il ne fut pas guéri pour cela de faire serments.

Car, après qu'on eut scellé la pierre sur les pauvres
« enfantelets, il s'agenouilla et pria un instant en
« silence, puis, se levant : « Je, dit-il, fais vœu de
« pénitence pour ce qu'il me reste de jours à vivre, et
« fais serment de ne plus jamais porter chausses, pour-
« point ni chemise, mais seulement couvrir ma nudité
« misérable d'un cilice cendreux, de ne boire que de l'eau
« et me nourrir de choux de Rompval, d'herbes et de
« racines ; et j'invite mon ami et sauveur le chevalier
« Pompidou, à faire de même pour l'amour de moi. Je
« jure de ne jamais plus faire remettre poutre ni pierre,
« voire un fétu à ce manoir maudit, et défends qu'on le
« répare après que je serai trépassé, vu que j'ai le
« grand désir qu'il disparaisse à tout jamais et que
« ses ruines soient réduites en menue poussière, en
« sorte qu'il ne reste plus un seul témoin de ma dis-
« grâce tant cruelle. »

« Entendant un tel vœu, Pompidou, qui ne s'accom-
« modait guères de ce nouveau régime du Baron, jugea
« prudent de déguerpir et s'esquiver en tapinois. Il par-
« tit pour son pays rocailleux de Limosin, où il arriva
« sans doute, mais ne donna jamais de ses nouvelles et
« oncques ne fut revu en la verte Normandie.

« Le manoir de Froideville ne tarda guère de tom-
« ber en ruines et bientôt les corbeaux eux-mêmes ne
« purent y faire leur nid sans danger ; et il n'en de-
« meura en tout qu'une seule pierre sculptée, portant
« le blason qui était d'azur à la fasce d'or, accompagnée
« en chef de deux roses d'argent et en pointe d'un
« croissant de même. »

Mais il nous faut oublier la légende de Froideville, et, reprenant notre rôle d'historien, poursuivre l'étude des dépendances de Mers, quelle que puisse être l'aridité de ce travail.

Le touriste qui longe la falaise de Mers à Ault, après avoir passé la Vierge, rencontre sur sa route, le lieu dit *le Bois de la guerre*, puis le *Boulval*, les *Bosquets*, le *Bois de Rompval*, la *Grande Vallée* et enfin le *Bois de Cyzes*.

Derrière le bois de Rompval se trouve BLENGUES, la seconde dépendance de Mers.

Blengues était vraisemblablement le nom primitif de toute la côte du Boulval au bois de Cyzes, c'est-à-dire de toute la partie de la falaise dont les débris émergent le plus au loin à mer basse, en mars et fin septembre.

Là s'est produit un éboulement considérable. Les roches n'avaient pas alors cette patine sombre que leur ont donnée les moules et les fucus qui s'y sont collés depuis. Elles étaient, au contraire, d'un blanc de craie éclatant : d'où le nom de Blengues (ou Blingues) qui peut fort bien remonter aux invasions Northmandes (1).

Blingues n'avait pas l'importance de Froideville.

Les documents qui le concernent sont rares et, j'ajouterai, singulièrement sujets à caution. Ils émanent en effet d'un auteur dont la principale préoccupation, en derivant un nobiliaire, semble avoir été d'y insérer quelques lignes discrètement disséminées dans le texte, par lesquelles il trouve toujours un moyen de se ratta-

---

(1) « BLENCKE: *macula emicans*, tache brillante; BLENCKE, BLINCKE: *Tænia maris crepido rautium, longo tractu excurrens*, saillie de roches s'avançant dans la mer en longue traînée; BLENCKEN, BLINCKEN, *micare, splendere*, briller, éclater; toutes expressions du vieux Néerlandais; Dictionnarium C. Killani. — Il y aurait eu chez nous adoucissement de la gutturale forte K en GUE, phénomène constaté assez souvent. » (Communication de M. Devauchelle, juge de paix à Amiens).

cher à de grandes familles : Il lui en a cuit, du reste, vous le savez.

Donc, relativement à Blingues, on relève dans cet ouvrage : Gabriel *de Lattaignant, seigneur de Blengues*, qui a servi longtemps sous François 1er (1).

Gabriel Lattaignant, neveu du précédent, seigneur de Blengues, était père d'Hélène, mariée, le 15 octobre 1595, à Noël De Lattre de Seyzes, et de Robert, seigneur de Blengues, marié, en 1586, à Anne Bonné.

Ce Robert, qui avait 88 ans en 1641, eut pour fils Alphonse Lattaignant, seigneur de Blengues, qui épousa, le 10 juillet 1633, Marguerite Gagot. Ils eurent une fille unique, Catherine, mariée, entre 1650 et 1660, avec Pierre Pecquot, conseiller secrétaire du Roy.

Les Lattaignant portaient d'azur à trois coqs d'or, 2 et 1.

Les renseignements sur ROMPVAL (2) sont encore plus incomplets que ceux relatifs à Blengues.

Je n'ai guère pu découvrir que les faits suivants :

Le 22 octobre 1614, Louise de Rasse vendait la seigneurie de Démuin à Guillain Lucas, seigneur de Romeval et d'Epaumesnil (3).

A en croire un vieux dicton, qui eut cours longtemps à Amiens, « *Maître Guislain Lucas a fait pis que Judas, car il vendit Dieu et les douze apôtres.* »

---

(1) Haudicquer de Blancourt, Nobiliaire de Picardie, V° Lattaignant, p. 286 ; Paris, de la Caille, 1693. — Les Lattaignant étaient originaires d'Ault (de Rosny, op. cit.)
Si mes souvenirs ne me trompent pas, n'est-ce pas un abbé de ce nom, je n'ose dire de cette famille, qui est l'auteur de la chanson :
« J'ai du bon tabac dans ma tabatière » ?

(2) *Rompval* : Vallon rompu? — *Romeral* : Romanorum Vallis (??) — « *Ro-mes-ral*, le mes, l'habitation du défrichement au Val, ou peut-être l'habitation de Raoul au Val, comme Ro-mes-camp, Roumes-camp, en 1301, l'habitation dans le champ défriché ». Ledieu, étude sur l'étymologie des localités de Picardie, p. 202, Amiens, Delattre, 1880.

(3) Alcius Ledieu, hist. de Démuin, p. 67 ; Paris, Picard, 1880.

« Ce proverbe provient de l'entrée des Espagnols à Amiens en 1597. Lorsque l'ennemi fut dans la place, les canonniers prétendirent que les cloches de la cathédrale leur appartenaient, d'après un droit de conquête en vigueur à cette époque. Le Chapitre transigea avec eux en leur versant 12000 livres qu'il se procura en vendant douze apôtres en argent qui servaient d'ornement au grand autel. Il est assez probable que ce fut maître Guislain Lucas qui fut chargé du marché » (1).

Ce chanoine de la cathédrale d'Amiens décéda, le 16 août 1628.

Son neveu, Guillin, prêtre et chanoine de la dite église, mourut, le 15 janvier 1648, encore seigneur de Romeval, ainsi que cela résulte des inscriptions gravées sur leur tombeau. (2).

Les Lucas portaient d'argent à la fasce d'azur, chargée de trois glands d'or, accompagnée de trois gélines de Sinople, 2 et 1. — Suivant M. Alc. Ledieu : d'argent à la fasce d'azur, chargée de trois glands d'or, tiges et feuilles de même, accompagnée de trois poulettes de même. (3).

Nous avons ainsi rapidement passé en revue les trois dépendances de Mers. Elles ne devaient pas tarder, vous disais-je au début de ce chapitre, à se trouver réunies dans la même main, celle du seigneur de la Motte-Croix-au-Bailli qui, en même temps, était seigneur de Mers.

Nous allons donc assister à leur concentration et bientôt après à leur émiettement.

---

(1) Article du *Journal d'Amiens*, n° du 1er Mai 1891, signé : un Chercheur.

(2) Ce tombeau, œuvre de Blasset, est à la cathédrale d'Amiens, derrière le chœur ; le célèbre *Enfant pleureur* entre dans sa composition. Bazot et Janvier, op. cit. p. 6.

(3) *Géline*, galena, *glainne*, poule en picard, à cause du nom de baptême, Guislain, usité dans la famille Lucas.

Cette concentration se comprend : vous remarquerez, en effet, que les histoires de Froideville, de Blingues et de Rompval, s'arrêtent à peu près à la même date. Leur dislocation sera contemporaine de la Révolution.

Quant à l'histoire de Mers, au point de vue domanial, elle se confond avec celle de la Motte-Croix-au-Bailli.

Sans qu'il y ait lieu de remonter au delà (1), le premier personnage de la famille des *Seigneurs de la Motte*, qui doit retenir notre attention, est *Robert de Torcy*, écuyer, seigneur de Bosrocourt... Estallons et qui s'intitule aussi *seigneur de Mers*. Il épousa, en 1533, Michelle de Lamoth, de laquelle il eut de nombreux enfants et petits-enfants.

Parmi ceux-ci est Marie de Torcy, femme de *François de Lannoy*. En 1661, à l'entrée de la grande Demoiselle à Eu, ce de Lannoy était gouverneur du comté. Les archives de la Ville le désignent ainsi « .... Seigneur de Damrocourt, la vallée Rumval, la Motte... Mers » (2).

Ces immeubles étaient encore en la possession de sa veuve, quand, « le 5 juin 1694, Marie-Louise de Torcy, veuve de François de Lannoy, Dame de la Motte, Mers... etc., assistait au mariage de Gilbert du Maisnil, seigneur de Beaufort en Santerre » (3).

Son héritier, Louis-Auguste, transmit ses biens à *Charles-Antoine de Lannoy* ; et, en 1720, l'on voit ce *seigneur de la Motte, Mers, Blengues, Romeval et Froideville*, accorder à François Fruictier des provisions de bailli et de sénéchal des dites seigneuries (4).

---

(1) Ainsi, en 1300, Guillaume de la Motte, chevalier ; 1377-1400, Mahaut de la Motte, femme de Robert des Marest, écuyer, qui donna la Motte à son fils Jean, 1406-1420 ; 1533, Robert de Torcy, cité plus haut ; 1562, Jean de Torcy ; 1610 Nicolas de Torcy, chevalier ; 1645, Jean de Torcy, chevalier. — Belleval, op. cit. p. 1300.
Les *Torcy* portaient : de sable à la Bande d'or suivant Haudiquer de Blancourt et la plupart des auteurs ; d'argent à quatre pals de sinople, selon Lamorlière.
(2) De Belleval op. cit ; de Rosny, op. cit.
(3) Communication de M. Pinsard.
(4) Broca, op. cit. p. 252.

Mentionnons que déjà les fiefs ci-dessus avaient été entamés par des ventes consenties par les anciens propriétaires au profit de plusieurs habitants de Mers. Mais ceux-ci étaient tenus de servir des aveux aux époques fixées par la coutume et de payer des redevances seigneuriales au domicile du Comte de Lannoy ou de ses successeurs. D'après les titres privés que j'ai consultés, quelques pièces ainsi détachées des fiefs ci-dessus étaient tenues en roture de la chatellenie d'Ault et y payaient la redevance.

Charles-Antoine de Lannoy, mort sans enfants, laissait, pour seule héritière, *Hélène de Saint-Lau*, d'abord épouse du marquis de *Monchy*, et mariée en secondes noces au marquis *des Essarts* (1).

Ce dernier vendit ses domaines, en 1788, à Monseigneur le duc d'Orléans, depuis *Philippe Egalité*.

En l'an V, tous ces biens passèrent en bloc à dame *Agathe de Trécesson*, « épouse divorcée d'avec feu Joseph *Leprestre de Chateaugiron, propriétaire de la Motte, des fermes de Blingues, de Froideville et des bois et terres de Rompval* » (2).

La dislocation de ces biens n'allait pas tarder à se produire.

Par acte du 19 nivose an XI, devant M° Rignideau, notaire à Paris, Madame de Trécosson (3) les vendait à MM. *Guilain Delegorgue, Claude Clapeyron et Augustin Merlin*.

Froideville a été démembré ; il n'est resté attaché à la ferme qu'environ 40 hectares aujourd'hui à M. Gondré ; le surplus appartient à M. Lebœuf de Sainte-Croix ;

---

(1) *Des Essarts* : de gueules à trois croissants d'or posés 2 et 1, (Lamorlière).
(2) *De Chateaugiron* : de gueules à trois écussons d'hermine, 2 et 1, à la bordure engrelée d'or (du Buisson).
(3) *Trécesson* : de gueules à trois chevrons d'hermine ; famille originaire de Bretagne (Paillot).

Rompval est entre les mains de M. Bisson de la Roque (1); Blingues dans celles de M. G. Devismes, d'Amiens.

La ferme de Rompval, vous l'avez remarqué, n'existait déjà plus en l'an V ; de ses bâtiments démolis, le touriste ne pourra plus voir aujourd'hui qu'un *pan de bois normand*, servant de façade à une grange, dans la rue d'Ault, à Mers.

Après cette longue excursion à Froideville, à Blingues, à Rompval et même à Cyzes, revenons, si vous le voulez bien, mon cher ami, à Mers que nous avons quitté ruiné à la fin du règne de François Ier. Sous Henri II et François II, le pays avait repris un peu courage, quand, sous Charles IX, il dût supporter le contre-coup des *guerres de religion*.

« Qu'est-ce qui a donné naissance à ces guerres, se de-
« mande l'abbé Le Beuf ? (2). Les catholiques vous disent :
« c'est l'hérésie de Luther. — Qu'est-ce qui a donné
« naissance à la Réforme ? Les protestants vous diront :
« ce sont les abus. Or, le bénédictin qui a écrit l'his-
« toire de l'abbaye du Tréport et qu'on ne soupçon-
« nera pas d'être protestant, ne peut s'empêcher de
« regarder les commendes comme les sources malheu-
« reuses de toutes les calamités qui peuvent affliger une
« maison religieuse ; quand, dit-il, on nous donna des
« maîtres au lieu de pères, des gens de cour au lieu
« d'hommes d'Eglise, des abbés mondains au lieu de
« prêtres réguliers. »

Je n'ai pas à prendre parti dans une question aussi grave ; remarquons cependant qu'un abbé se l'est posée,

---

(1) Sur Blingues : 18 mai 1847, adjudication à Abbeville, requête Delegorgue de Souplicourt, adjudicataire M. Bisson de la Roque, époux Espivent de la Villesboisnet ; M. de la Roque lègue Blingues à Hector de Guillebon, époux de Mandreville ; vente par ce dernier à Broussin de Melleville, acte L. Devismes, notaire à Ault, du 25 août 1885 ; vente par les héritiers Broussin à M. G. Devismes, acte Tragin, notaire à Eu, du 25 juillet 1890.

(2) Le Beuf, op. cit. p. 301.

après qu'un bénédictin semblait l'avoir tranchée, depuis longtemps déjà.

Toujours est-il que, dès 1562, *Montgommery*, l'un des chefs du parti calviniste, occupait Dieppe avec un corps de soldats anglais. Tous ces évènements et ceux qui vont suivre sont très longuement décrits dans le Livre Rouge auquel vous pourrez vous reporter (1). Montgommery avait fait des incursions dans les environs d'Eu. Le 4 février 1562, il attaqua la ville ; une petite troupe, accourue du bourg d'Ault, décida du sort de la journée. L'ennemi se retira vers Dieppe après avoir perdu plusieurs de ses gens et un canon (2).

Les Mersois s'étaient-ils joints aux habitants d'Ault ? C'est probable, car, tout au moins, ne mériteront-ils pas les reproches encourus par « ceux d'Abbeville et « Saint-Valery-sur-Somme, qui ont dényé toult secours « d'hommes, encore qu'ils en fussent instamment requis, « à promesse de les payer et soldoyer. »

La Chronique exulte. « Mesmes a esté faict le quattrain Françoys qui ensuyt, portant en premières et dernières lettres **EU**, et aux lettres pénultiennes devant et après le my-vers : **O MIRACLE !** »

<pre>
EU, pour estre à son rOy   IMmobile et fidelle,
Voltcourre des DieppoIs   IRés ; mais, Dieu aydant,
En vain s'est le soldAt   aCheminé contre elle.
Un los grand par ceLa mEritant en toult lIEU (3).
</pre>

La joie devait être de courte durée. Dès l'année suivante, la peste s'était déclarée dans les environs d'Eu. En 1572 et 1573, la *disette* était telle que le pain blanc de 8 onces valait 15 deniers, la bisette ou pain à Bour-

---

(1) Le Beuf, op. cit. p. 301 à 330.
(2) Longchamp. op. cit. p. 31 à 42.
(3) Le Beuf au lieu de *Courre*, accourir, a lu : *Come*, dont le sens nous échappe. — Irés, en colère ; *Los, laus*, louange.

geois de 16 onces 10 deniers, et le pot de bière 12 deniers (1).

. *Mers n'échappa point à la misère commune* « puisque, dit le Livre Rouge, il venait à Eu des *pauvres gens de 20 lieues à la ronde chercher du blé*, et en si grand nombre qu'estait possible et ne devait bonnement estre nombré ni mesme récité ».

Sous Henri III, en 1584, c'est-à-dire au temps qu'Henri de Guise, *le Balafré et sa femme Catherine de Clèves* rééditaient le Château d'Eu et fondaient le collège des Jésuites, la *peste* de nouveau désola tout le pays. On vit alors les habitants, vêtus de blanc, la tête voilée, portant des croix de bois venir processionnellement demander au tombeau de *Saint-Laurent*, dans l'Eglise d'Eu, la fin du terrible fléau. Ils chantaient, à pleine voix, le couplet suivant :

> Amendons-nous, amendons-nous ;
> Portons nos suaires quant et nous ;
> Pensons qu'il nous faut tous mourir,
> Pour aller avec Jésus-Christ (2).

Chaque pays envoyait une délégation. Les Picards des bourgs d'Ault et de Cayeux arrivèrent les premiers, puis les habitants des *villages de la Vallée*. Il est bien vraisemblable que les Mersois, déjà si éprouvés, se rendirent à ce pèlerinage.

Dans le courant de 1589, les Mersois virent de près *Henri IV*. Il venait de s'emparer d'Eu et du Tréport, avant d'aller combattre victorieusement Mayenne et la Ligue à *Arques*, dans cette journée du 21 septembre, où

---

(1) Le denier étant de 0 fr. 055, l'once de 30 grammes environ, le pain blanc de 240 grammes valait donc 0 fr. 825 et la bisette de 280 gr 0 fr. 88. — Le pot à goudale ou cervoise de 2 lots (2 litres forts) coûtait 0 fr. 66.

(2) Le Bœuf a lu : *Quanté nous*. — Mauvaise lecture ; *Quant et nous* signifie *avec*. Voir le Journal de l'Estoile et les écrivains du XVIIe Siècle.

il se battit en héros, et qu'il sût rendre aussi célèbre pour « le brave Crillon qui n'y était pas ».

Les histoires d'Eu que nous avons consultées ne relatent point un évènement qui, cependant, dût avoir pour la ville des conséquences désastreuses. Au rapport de M. Darsy (1), *le 27 mars 1606, un vent impétueux* causa de grands dommages dans la vallée de la Bresle. *Mers ne fut donc pas épargné.* Toutefois, on ne sait si, venant de terre, le vent était seulement déchaîné en ouragan, ou si, soufflant du Nord-Ouest, il causa des inondations, inondations d'autant plus redoutables qu'en 1687, la mer montait encore jusqu'à Ancenne, entre Gamaches et Blangy, à quatre lieues de la ville d'Eu (2).

En 1622, le bruit s'était répandu d'une prochaine *descente des Protestants d'Angleterre* sur les côtes du Ponthieu (3). Tous les paysans du littoral se réunirent pour les repousser, mais le pays ne fut pas attaqué. Cette fausse alerte fut l'occasion de la *dernière prise d'armes pour les Mersois*.

Le pays, déjà atteint par la peste en 1563, 1584, 1596, 1606, allait de nouveau l'être plus gravement encore en 1630. A Eu, elle « avait jà fait mourir, durant deux ou trois moys, 14 à 1500 corps » (4) quand la ville, après avoir fait un vœu à la Vierge, décida, pour obtenir sa cessation complète, de faire une procession générale avec la chasse de « *Monsieur Saint-Laurent, son patron* » (5).

---

(1) Darsy, op. cit. p. 169.
(2) Butteux, op. cit. p. 108.
(3) Ch. Louandre, op. cit. t. II. p. 100.
(4) Le Beuf, op. cit. p. 101 ; Longchamp, op. cit. p. 13.
(5) Cette *procession*, dite *du Vœu* amène à Eu les Baigneurs de Mers et du Tréport.
« Elle se fera, dit le Livre Rouge, tous les ans et à perpétuité, le Dymanche de l'Octave de la feste de Notre-Dame de Septembre, et, en cas que ladite feste arrive le Dimanche, le Dimanche suivant de l'Octave de la dicte feste ».

Voilà déjà bien des fois que le mot **Peste** se rencontre sous notre plume. Ne demandons pas aux poètes ce qu'était cette maladie. La Fontaine se contente de l'appeler par son nom, et M. St. Longchamp, après lui, dit d'un ton désespéré :

« Du fléau destructeur savons-nous le secret ?
Le Livre Rouge ici se montre trop discret. »

Les documents sur la peste et ses caractères ne manquent cependant pas. Mais n'y avait-il à craindre que le Livre Rouge, entraîné par une exagération bien naturelle, n'eût donné ce nom saisissant et compréhensif à certaines maladies contagieuses qui avaient pu décimer la ville d'Eu et Mers par contamination ? Vous trouverez, mon cher confrère, de quoi contenter votre curiosité dans les lignes suivantes qu'un de mes amis a bien voulu m'adresser à ce sujet (1).

« Les premières épidémies de peste qui ravagèrent
« l'Europe furent celle du VIe et du XIVe siècle. Mais
« au XVIe et XVIIe siècle, pendant les années de 1563,
« 1581, 1596, 1606, et 1636 que vous me signalez, le fléau
« faisait encore des ravages en Occident, particulière-
« ment en France. Il n'est fait mention nulle part de
« l'apparition de la peste à Mers, en particulier, vous
« le comprenez facilement.

« J'ai donc cherché si, au moment où l'épidémie qui
« vous occupe sévissait à Mers, la peste régnait dans
« les villes ou les pays voisins. Voici ce que j'ai
« trouvé :

« Il est difficile de savoir si la peste est apparue sur
« les côtes Nord de la France avant 1584. Le fait est
« cependant probable ; car, au IXe siècle déjà, elle
« avait, en 801, atteint notre pays (2) et se faisait sur-

---

(1) M. le Dr Peugniez, professeur à l'École de médecine et de pharmacie d'Amiens.
(2) Targagnatte, Hist. Mundi. P. II. liv. IX.

« tout sentir en Angleterre (1). En 1242 et 1243, l'armée
« de Saint-Louis, occupée à faire la guerre à Henri III,
« roi d'Angleterre, en est atteinte ; la France entière
« aussi après elle.

« Nouvelle invasion du fléau au XIV° siècle. Malheu-
« reusement les renseignements bibliographiques man-
« quent complètement, les auteurs de cette époque
« ayant peu écrit sur la maladie.

« C'est en 1223 qu'apparaissent les premiers traités ;
« mais, à part les descriptions de Guy de Chauliac, de
« Raymond Chalin de Vinario, les documents sur l'épi-
« démie restent fort incomplets. Il faut arriver au XVI°
« siècle pour suivre la marche du fléau.

« La peste est à Paris en 1581 (2), après avoir ravagé
« la Belgique, quatre ans auparavant. En 1583, on la
« signale à la Rochelle (3). Ambroise Paré et Palmarius
« la décrivent encore à Paris en 1586. Tout porte donc
« à croire qu'elle existait dans tout le pays compris
« entre ces trois foyers d'infection, la Belgique, la Ro-
« chelle et Paris, à Mers, par conséquent, à la date de
« 1584, puisque vous trouvez là, à cette époque, la
« présence d'une épidémie.

« A l'année 1590, correspond encore une nouvelle in-
« vasion de la peste en France. Dès 1590, elle est à
« Rouen (4).

En 1593, l'Angleterre en est atteinte. En 1596, elle
« est à Limoges (5); en 1597 à Douai (6). Papon la décrit

---

(1) Platina : Vie de Nicolas Ier.
(2) Lellèvre : Epidemiomachie ou combat contre la peste, Paris, 1581.
(3) Olivier Poupart : Conseils divers touchant la maladie de la peste en la Rochelle. — La Rochelle, 1583.
(4) Thomas Forestus : *Regimen pauperum contra pestilentiam*, Rothomagi, 1590.
(5) David : Traité de la peste de Limoges ; Limoges, 1596.
(6) Jean Truye : Traité de la peste ; Douai, 1597.

« à Marseille en 1598, à Bordeaux en 1599. Elle sévit
« pendant toute cette période à Paris (1).

« En 1606, où l'épidémie apparait encore à Mers,
« nous la voyons s'étendre de France en Allemagne. Dès
« 1605, elle avait atteint la Belgique (2). Lisbonne, en
« 1601, était déjà visitée par le fléau ; la peste gagna
« Londres en 1603 et 1609. Remarquez là encore l'épi-
« démie partie de Lisbonne, gagnant Londres, la Bel-
« gique et l'Allemagne, entourant, par conséquent, com-
« plètement le littoral où la maladie est signalée par
« vos auteurs.

« Nous arrivons ainsi en 1636. La peste a fait sa
« réapparation à Lyon en 1628 (3); En 1629, elle est à
« Dijon et à Montpellier, en 1630 à Rouen (4). De là,
« elle passe en Hollande, où elle sévit de 1635 à 1637,
« à Londres enfin en 1638. Mers ne pouvait donc pas y
« échapper (5).

« Je sais qu'on peut se demander si une maladie, la
« *Suette Anglaise*, appelée encore « *Maladie Picarde* »,
« n'a pas été prise pour la peste avec laquelle elle pré-
« sente certaines analogies. Il suffit pour dissiper le
« doute à cet endroit, sans même avoir à décrire ici la
« Suette, d'examiner les dates de son apparition en
« France.

« Elle prend naissance en Angleterre où y est im-
« portée pour la première fois en 1485. En 1516, elle

---

(1) Potel Guillaume : Discours sur les maladies épidémiques et contagieuses advenues à Paris en 1596, 1597 et 1606.

(2) Joannes Heckins : de peste in Belgio, Devent, 1605.

(3) Avis salutaire contre la maladie épidémique et pestilentielle de la Ville de Lyon, dressé à la requête du Commissaire de la Santé par les docteurs agrégés du collège de la Ville — Lyon, 1628.

(4) Jacques Roland : Antiloimie contre la peste, Rouen, 1630.

(5) Dans l'intervalle de ces deux épidémies de 1603 et de 1638, on voit les médecins de Rouen toujours préoccupés de la possibilité d'une invasion nouvelle. Jean de Lamprière écrit en 1620 son traité de la peste, de ses causes et de sa cure, Rouen 1620.

« apparaît sur les côtes du Nord de la France, alors
« aux mains des Anglais. On la trouve décrite, en 1517,
« à Calais et à Boulogne (1). Mais elle disparaît d'une
« façon définitive en 1530. Ce n'est donc pas elle qui a
« pu atteindre Mers aux dates que vous m'indiquez (2).

« De tout cela, je pense que vous pouvez conclure
« que, très probablement, les épidémies que vous signa-
« lez ont été des épidémies de peste, puisqu'à chaque
« date, par vous indiquée, correspond, dans les points
« voisins de Mers, une invasion de cette maladie » (3).

Ne me dites pas, mon cher collègue, que cette discussion n'est pas ici de mise ; car alors il faudrait bannir de cette notice tout ce qui intéresse Mers par ricochet, accident ou déduction, et je me demande ce qui en resterait.

Cette notice, appelez-la, si vous le voulez, *l'histoire tangentielle de Mers*. Mais un profil est encore un portrait, bien qu'il ne reproduise pas toutes les lignes de la figure ; et, sans nuire à la ressemblance, un peu de flou ne messied pas.

Ne partagez vous pas cet avis, vous qui êtes un véritable antiquaire, c'est-à-dire non pas un photographe, mais un peintre d'histoire ?

Nous allons bientôt retrouver le nom de Mers dans des circonstances assez curieuses.

En avait toujours joui de l'exemption de la taille. Louis XIII lui avait confirmé ce privilège ; mais, sous son successeur, en 1634, parut un *édit de révocation des*

---

(1) Lettres de Thomas Morus à Erasme de Rotterdam.

(2) V. Frank : encyclopédie des sciences médicales V° peste. L'Auteur se demande si l'Epidémie de 1510, prise pour une épidémie de peste, n'est pas la Suette Anglaise.

(3) Spécialement la peste sévissait à Amiens en 1362, 1584, 1596 et 1631 — Les pestes à Amiens, par A. Dubois, Amiens, Glorieux, 1873.

privilèges des villes, lesquels furent toutefois rendus à celles reconnues frontières et maritimes. Eu réclama à ce titre. Une longue information s'en suivit où déposa notamment le *curé de Mers,* « *en sa parolle de prestre* » (1).

En 1659, Jacques de Souvré, chevalier de Malte, grand prieur de France, avait été nommé abbé commendataire de l'abbaye Saint-Michel du Tréport. Il réédifiait le monastère et la basilique, depuis longtemps délabrés et en ruines, quand, au cours des travaux, éclata une *tempête* épouvantable. On peut juger des *dégâts* qu'elle causa *à Mers,* quand on saura que la mer renversa des murailles au Tréport, couvrit les maisons de la basse chaussée d'Eu et amena des vaisseaux jusqu'au milieu de Cayeux (2).

En *1709, une disette et une gelée* extraordinaires vinrent désoler tout le Ponthieu. Cependant la *population de Mers dut augmenter,* selon moi, à cette époque ; car, en 1708, le procureur syndic d'Eu remontrait « que la ville était surchargée de tailles et capitation et, ne pouvait payer les sommes auxquelles elle avait été imposée, eu égard : à la diminution considérable des habitants taillables qui se sont retirés et se retirent journellement de la ville, eu égard aussi au grand nombre de privilégiés et à la cessation du commerce » (3).

Pendant près d'un siècle, les côtes de la Picardie, si elles n'étaient pas le théâtre de batailles navales, en recueillaient néanmoins les épaves. Il n'était bruit alors que des exploits de Trouville, de Forbin, de Jean-Bart et de Duguay-Trouin.

---

(1) Le Beuf, op. cit. 461.
(2) Le Beuf, op. cit. p. 306.
(3) « J'ai vu, l'année *1709,* dit Voltaire, Madame de Maintenon manger du pain bis ; mais je n'ai vu aucune mort causée par l'inanition. C'est une vérité qu'il y a plus d'hommes qui meurent de débauches que de faim…» A. Bethouart, hist. du Blé dans la Beauce, p. 34 ; Chartres, Garnier, 1888.

L'embouchure de la Bresle était protégée par la Tour François Ier du Tréport et le *Fort Saint-Martin de Mers.*

Il m'a été impossible de remonter à l'époque de la construction de ce fort. Tout ce que j'en sais, c'est qu'après le bombardement de Dieppe par les Anglais, le 17 juillet 1694, il eût, de 1695 à 1730, pour commandant, Joseph Emmanuel de Belleval, chevalier seigneur de Bretel et Wallemets, major des gardes-côtes (1).

Il est vraisemblable qu'après 1730, il fut abandonné ; sinon, les vieillards de Mers eussent pu en voir plus que des vestiges en leur enfance, vestiges qui se trouvaient juste en *face de la villa Barni*, à peu près à la *hauteur de la pointe de l'Epi actuel.*

Peut-on concilier ces renseignements avec les indications de Le Beuf qui, parlant de la défense de la Bresle, cite « une maison qui fut assez importante et « autour de laquelle s'étendait une vaste place, pro- « che de l'Eglise de Mers, et qui a payé, jusqu'en 1789, « des redevances aux princes de Bourbon » ? (2)

Une maison entourée d'une grande place ? Soit ! je veux bien admettre que c'est le fort Saint-Martin avec sa zone militaire.

Mais comment un fort, destiné à la défense du pays, construit dans un intérêt général, pouvait-il devoir des redevances ?

Là, je vous l'avoue, mon cher confrère, je ne comprends pas ; et vous ?

Peu importe. Aussi bien ne veux-je limiter ma discussion qu'à ce seul point : le fort Saint-Martin de Mers était-il la maison dont parle le Beuf ?

Je le crois. Vous n'avez pas oublié que, précisément en

---

(1) *De Belleval :* de gueules à la bande d'or, accompagnée de sept croix potencées de même, 4 en chef et 3 en pointe.

(2) Le Beuf, op. cit. p. 5.

cet endroit, la falaise avançait beaucoup dans la mer, qu'en 1100 l'Église primitive était à 300 ou 400 mètres en avant de l'Église actuelle et qu'elle a disparu seulement vers 1370.

Dès lors, le fort Saint-Martin, vraisemblablement construit en même temps que la tour François Ier du Tréport avec laquelle il croisait ses feux, pouvait bien occuper la place indiquée par les vieillards de Mers, sans cesser d'être proche de l'église d'aujourd'hui.

La *Carte de Cassini* (1758) porte du reste en cet endroit trois canons, signe conventionnel d'un fort.

Mais, direz-vous, la falaise est là aussi ; et comment alors expliquez-vous cette vaste place autour du fort ?

D'une façon assez plausible, selon moi.

Tout au bout de la plage, la falaise est dure, compacte, et, partant, s'éboule à pic dans la mer. Au devant de l'église actuelle elle est, au contraire, comme délitée, friable, terreuse, se ressentant déjà du voisinage de la vallée vers laquelle elle s'infléchit.

Rien donc ne s'oppose à ce qu'elle soit venue mourir dans la mer en pente douce. Les Aiguillettes, les roches Berthe et de Saint-Martin, enfin l'étymologie de Blingues donnent une force singulière à cette supposition que viennent encore corroborer les indications de la *carte marine du Tréport* et de ses environs.

Vous pouvez relever sur cette carte, dans la direction des aiguillettes dont je viens de parler et un peu plus au large, les cotes 0.5, 0.6, 0.8 ; le 0.6 est même accompagné de la lettre R, qui marque un fond de roches.

Cette cote positive, à l'inverse de toutes celles qui se trouvent dans la zone la plus rapprochée du littoral, lesquelles sont soulignées d'un moins (—), cette cote, dis-je, indique que la mer, même dans les marées d'équinoxe, baigne toujours ces roches.

Mais est-ce une raison pour ne les voir jamais ? Evidemment non. Le creux de la vague, corrélatif toujours de sa levée, permet parfois de distinguer ces roches 0.5, 0.6, 08. Mais, même lorsqu'elles demeurent immergées, leur rapprochement du niveau de l'eau donne à celle-ci un aspect, un clapotement, une teinte, révélateurs des roches sousjacentes, et auxquels les marins ne se trompent pas.

La falaise venait donc jusque là, avec une inclinaison résultant à la fois de sa nature propre et de l'action du flux et du reflux de la mer sur sa masse.

Alors se comprennent, du même coup, la place voisine de l'Eglise et le fort Saint-Martin, à l'endroit que je vous indiquais tout à l'heure. (1)

N'allez pas, mon cher confrère, crier au paradoxe ! Cette hypothèse, qui n'est point purement gratuite, en vaut bien une autre. Contentez-vous-en ; on se dirige, comme on peut, dans l'ombre du passé.

Arrivés en 1767, nous devons faire une halte pour saluer au passage un illustre enfant de Mers.

Les notices sur Lefort ne manquent pas ; mais, chose assez étrange ! si toutes ont indiqué l'année de sa naissance, aucune n'en a recherché le quantième. Enfin celles qui auraient dû indiquer l'époque de sa mort sont muettes là-dessus.

C'est donc à ces deux points extrêmes de sa vie que je m'attacherai surtout (2).

Pierre-François Lefort vit le jour à Mers en 1767. C'est exact. Quant à la date précise de sa naissance, j'eus la

---

(1) Consulter géog. hist. et admin. de la Gaule Romaine par Ern. Desjardins, t. I. p. 316 ; Paris, Hachette, 1876.

(2) V. notamment Biographie des hommes célèbres du Département de la Somme par Dusevel, Amiens, MDCCCXXXVIII. — Histoire de 5 villes et de 300 villages, par Ern. Prarond. Paris, Abbeville, 1863. — Stéphane C... Promenade à la Madeleine d'Amiens, Amiens, Duval, 1847.

bonne fortune de la trouver, par hasard, au grand cimetière d'Amiens, dit *la Madeleine*.

Son tombeau nous fournira de plus un autre détail de sa vie, (son mariage), échappé à ses biographes.

Lefort naquit donc à Mers en 1767, le 18 octobre, ainsi qu'il résulte de son acte de baptême déposé aux archives non de la Cure, mais de la Mairie de Mers (1).

Lefort, d'assez humble extraction (2), se destinait à l'état ecclésiastique et était déjà avancé en théologie, quand la Révolution éclata.

Reçu au concours chirurgien de 3e classe, il entra, en 1793, à Brest, au service de la marine, assista au combat du 13 prairial (1er juin 1794), célèbre par l'héroïsme de l'équipage du Vengeur, et y fut fait prisonnier. A son retour en France, en 1797, grâce à la connaissance de la langue anglaise qu'il avait acquise durant sa captivité, il fut nommé Inspecteur des prisonniers français et fonda pour eux une école modèle, qui n'avait point sa pareille en France.

Lefort se maria en Angleterre ; ses biographes ne parlent pas de cette union. Elle est certaine cependant ; seule la date m'est restée inconnue.

Puis, nous le voyons assister au combat d'Algésiras, et, en 1805, au désastre de Trafalgar, où, fait de nouveau prisonnier, il est renvoyé sur parole au bout de quelques mois.

En 1808, nommé médecin en chef du 1er arrondisse-

---

(1) L'an de grâce 1767 et le 18 octobre, a été baptisé un garçon par moi prêtre curé soussigné, né le même jour sur les sept heures du matin, du légitime mariage de Pierre Le Fort, matelot de profession et de Marie-Jeanne Fréchon, ses père et mère, qui fut nommé *Pierre-François* par Charles-François Degain, jeune homme et Victoire Fréchon, jeune fille de la paroisse d'Ault, parein et mareine qui ont signez avec nous. Signé : Charles François Degain, Victoire Fréchon et Coppin, prêtre curé.

(2) Cependant nous trouvons Guillaume Lefort, maire de la ville d'Eu, en 1873.

ment maritime, chef-lieu Gênes, il y subit le blocus de 1814, puis alla à la Martinique dans la même qualité.
« Il fut, à la nouvelle de son débarquement, exilé par le
« gouverneur de cette île, vieux marin revenu d'An-
« gleterre, qui ne comprenait que l'émigration, et ne
« voyait la fidélité que sur des boutons d'uniforme
« fleurdelysés » (1).

Lefort se fixa alors à New-York ; il y obtint les plus grands succès comme médecin. Mais l'ennui du pays le gagna ; et, en 1820, il revenait reprendre son poste à la Martinique, où le général Donzelot avait remplacé le gouverneur de la Restauration.

Fatigué, il obtint enfin sa mise à la retraite.

Au cours de cette existence agitée, il avait composé des mémoires très remarquables sur la fièvre jaune.

M. Leleu (2), qui n'avait à faire qu'un rapport succinct au Conseil municipal d'Amiens, dit seulement que Lefort passa ses dernières années à Amiens.

Mais, d'après Dusevel, (biographie de 1838), « Lefort
« est venu demander un dernier asile à la ville, chef-
« lieu de son département, et cache modestement sa
« vie dans les murs de notre cité, où ses jouissances se
« bornent à une intimité restreinte à un petit nombre
« d'invidus ».

La date de sa mort m'échappait toujours. Je consultai alors Prarond. Dans son ouvrage de 1863, je lis : « Il y a quelques années, Lefort vivait encore ».

Quelques années 5, 6 au plus. Lefort, né en 1767, serait donc mort à 90 ans. C'était presqu'invraisemblable.

---

(1) Biog. op. cit. suppt. p. 38.
(2) Dans sa séance du 26 juin 1880, le Conseil municipal d'Amiens, sur le rapport de M. Leleu, a donné le nom de Lefort à la rue Neuve du Moulin, au faubourg de Beauvais. — Une rue de Mers porte son nom. (Délibération du Conseil municipal du 21 août 1875).

L'état civil d'Amiens devait enfin me fournir l'acte de son décès, survenu le 13 janvier 1843 (1).

Sa veuve lui survécut dix-neuf ans (2).

Tous deux reposent, comme je l'ai dit, à la Madeleine (Plaine F, n° 89.) Leur monument modeste, bâti sur une concession à perpétuité (acte du 30 janvier 1843), n'est plus entretenu. Le Conseil municipal de Mers ne pourrait-il voter des fonds pour assurer à ces illustres époux une sépulture digne d'eux ?

Mers peut s'enorgueillir d'autres enfants.

Les *Le Beuf*, dont le nom se retrouve à chaque page des histoires de la ville d'Eu, du Tréport et de Mers, sont originaires de ce dernier pays (3).

---

(1) L'an 1843, le 13 janvier, à 2 heures de relevée, par devant nous maire de la ville d'Amiens, faisant fonctions d'officier de l'Etat-Civil, sont comparus Aristide Fouache d'Halloy, âgé de 48 ans, conseiller à la Cour Royale d'Amiens, demeurant rue des Canettes, n° 1, voisin du décédé et Jules Gabriel Bisson de la Roque, âgé de 30 ans, substitut du Procureur du Roy à Amiens, y demeurant, rue des Trois-Cailloux, n° 61, ami du défunt, lesquels nous ont déclaré que la veille à 6 heures du soir, est décédé dans la maison du 1er comparant, *Pierre-François Lefort*, âgé de 75 ans, né à Mers (Somme), 1er médecin en chef de la marine en retraite, ancien médecin du Roi, chevalier de la Légion d'honneur, fils des feus Pierre-Jacques Lefort et Marie-Jeanne Fréchon, époux de Mary-Ann Allen, âgée de 61 ans, propriétaire ; et, après lecture du présent acte, les comparants ont signé avec nous : A. Fouache d'Halloy — Bisson de la Roque — Fréd. Duvoyer.

(2) L'an 1861, le 25 avril, à 11 heures du matin, par devant nous Charles-J.-B.-Joseph Feuilloy, adjoint et délégué du maire de la Ville d'Amiens, faisant fonctions d'officier de l'Etat-Civil, ont comparu Charles-François Alexandre Hesse, âgé de 50 ans, propriétaire, membre du Conseil général de la Somme, demeurant à Amiens, rue des Augustins, n° 5, ami de la décédée et Aristide Fouache d'Halloy, âgé de 69 ans, propriétaire, conseiller honoraire à la Cour Impériale d'Amiens, chevalier de la Légion d'honneur, demeurant aussi dans cette Ville, rue des Canettes, n° 2, ami de la défunte, lesquels nous ont déclaré que la veille, à 5 h. 30 minutes du matin est décédée en sa maison, sise à Amiens, rue Gloriette, n° 8 (ce dont nous nous sommes assuré) *Mary-Ann Allen*, âgée de 83 ans, née à Ampthille, Bedfordshire (Angleterre), le 29 novembre 1778, propriétaire, veuve de *Pierre-François Lefort* ; fille des feus Joseph Allen et Sarah.... (sans autres renseignements) — Et après lecture du présent acte les comparants ont signé avec nous : A. Fouache, d'Halloy — A. Hesse — Feuilloy, adjoint.

(3) Le Beuf, op. cit. p. 371.

Mers a aussi donné naissance à la famille *Coquet*. Une charte de Menilsoret, en 1257, en fait foi; en 1496, Boniface Coquet était maire de la ville d'Eu ; enfin nous retrouvons frère Jean Coquet d'Eu, « lequel à cause des trop grandes calamités de ce siècle, dit un manuscrit du P. Coquelin, jouit peu du bienfait de la lumière, et partit l'an du Seigneur 1581 » (1).

Cet hommage rendu à Lefort, aux Le Bœuf, aux Coquet, reprenons notre histoire.

Le 2 *novembre 1773*, vers les quatre heures du soir, les Mersois effrayés quittaient leurs maisons. Un coup de tonnerre dans le lointain s'était fait entendre, et le sol avait frémi. On crut à un tremblement de terre. L'on ne sut que le lendemain *l'explosion du magasin à poudre d'Abbeville*. « La secousse fut si violente qu'on la ressentit sur divers points d'un cercle de 70 lieues, depuis Dieppe jusqu'à Noyon, la Fère et Laon » (2).

Si, selon nous, les historiographes d'Eu et du Tréport ont exalté à l'excès les vertus de la Grande Demoiselle dont il suffisait de dire, avec le poëte :

> Elle a fait trop de bien pour en dire du mal,
> Elle a fait trop de mal pour en dire du bien,

nous devons nous arrêter respectueusement devant la grande et noble figure du *Duc de Penthièvre*, petit-fils de Louis XIV et de Madame de Montespan, 32e et dernier comte d'Eu, en 1775, et dont le nom est inséparable de celui de *Florian*.

Or, il n'est pas douteux que Mers n'ait été souvent visité par ces hommes de bien à la piste de toutes les infortunes. Les pauvres d'Eu ne devaient point leur suffire, car (3) « il en fut des bienfaits au bout d'un cer-

---

(1) Le Bœuf, op. cit. p. 411.
(2) Gazette de Bouillon, novembre 1773, deuxième quinzaine.
(3) L. Gozlan, Les Châteaux de France, t. I.

« tain temps comme il en est du gibier, quand on
« chasse trop ; le grand seigneur et le poëte dépeuplè-
« rent leurs forêts, leurs parcs et leurs réserves. Le
« pauvre devint rare... Ils braconnèrent alors où ils
« purent ; et, obligés de faire usage d'adresse pour ne
« pas revenir les mains vides, mais pleines, ils se turent
« l'un à l'autre les bons endroits, chacun d'eux mettant
« une sorte d'orgueil à les exploiter le premier. L'hi-
« ver surtout, la rivalité s'élevait à un degré ini-
« maginable entre les deux amis ; l'un profitait
« du sommeil de l'autre pour sortir sans bruit et
« consommer sa divine charité ; et l'autre, le poète,
« cherchait, de son côté, à devancer le jour, afin d'être
« aussi le premier à l'œuvre de bienfaisance. S'ils se
« rencontraient hors du château de si bonne heure, ils
« inventaient de mauvais prétextes... En donnant aux
« pauvres, le duc leur disait tous bas : « je vous remer-
« cie », comme, au bas de l'ordonnance qui affectait des
« secours à des gentilshommes ruinés, il mettait : Pour
« acquit. »

Le duc laissa à Mers un souvenir qui subsiste encore
aujourd'hui. Et, puissance étrange de la bonté sur le
peuple ! quand il eut quitté Eu, les habitants de Vernon,
en Septembre 1792, plantaient à sa porte un arbre de la
liberté, portant cet écriteau : « Hommage à la vertu ».

Six mois après, en pleine période révolutionnaire, le
maire et les notables étaient réunis à son lit de mort
pour lui demander sa bénédiction (1).

L'histoire de Mers, pendant la *Révolution*, présente peu
de faits intéressants, que seule nous a transmis la tradition, à défaut de registres remontant à cette époque.

L'église devint le théâtre de désordres sérieux. Si le

---

(1) M. de Lescure : La princesse de Lamballe, p. 407

rétable fut respecté, on n'en peut dire de même, paraît-il, des statues de Saint-Pierre, de Saint-Martin et de *Sainte-Barbe*. Cette dernière fut brisée en morceaux, que se partagèrent les habitants ; et, il y a peu de temps encore, une des mains de la Sainte était accrochée à la façade d'une maison portant le *n° 8 de la rue de l'Église*.

L'on sait aussi qu'un *arbre de la Liberté*, aujourd'hui disparu, avait été planté « *ach' peignon* », c'est-à-dire au pignon du presbytère, au croisement de la Grand'-Rue et de la rue d'Ault.

L'unique document officiel que j'ai pu retrouver est le suivant, dont le seul mérite est de fixer approximativement l'importance de Mers à cette époque.

Le lundi, 23 mars 1789, avait lieu *l'Assemblée des Députés du Tiers-État* des villes, bourgs et villages du ressort du Bailliage d'Amiens, en l'Église des RR. PP. Cordeliers de cette ville. L'objet de cette assemblée était : 1° de réduire les différents cahiers et plaintes, doléances et remontrances en un seul ; 2° de nommer, parmi les délégués comparants, le quart de ceux devant porter le dit cahier à l'assemblée des trois ordres.

Mers, qui comprenait *cent feux*, avait droit à deux députés ; aucun d'eux ne s'est présenté (1) (2).

De même, je passerais sous silence le Consulat, s'il ne se trouvait alors à relever une erreur que pourraient accréditer les estimables ouvrages déjà cités de MM. Le Bœuf, Bordier et Darsy. Ces auteurs assignent en effet la falaise du *bois de Cyzes*, près de Blengues, comme l'endroit choisi par Pichegru, pour débarquer en

---

(1) Extrait des Documents pour servir à l'histoire de la Révol. Française dans la ville d'Amiens, t. 1, p. 336 ; Paris, Charavay, 1889.
(2) Population de Mers : en 1760, 100 feux (René de Belleval, op. cit.) ; en 1789, 100 feux ; en 1876, 435 habitants ; en 1887, 678 ; en 1890, 810 ; en 1891, 1024, d'après le dernier recensement du 12 avril 1891.

France, lors de *la conspiration de Georges Cadoudal*. Il est au contraire absolument certain que ces débarquements ont eu lieu, le premier, le 21 août 1803, et le deuxième, le 16 janvier 1804, à la falaise de *Biville-sur-Mer*, de l'autre côté de la Bresle, entre le Tréport et Dieppe (1).

Napoléon I*er*, dont l'Angleterre n'avait pas accepté sans murmurer l'étrange fortune, nourrissait le projet d'une expédition d'Outre-Manche.

Il devait naturellement songer à protéger notre littoral. La tour François I*er* du Tréport donnait trop de prise aux boulets ennemis ; le fort Saint-Martin de Mers était délabré. Napoléon échelonna donc sur le littoral de la Somme, de la Bresle à l'Authie, *plusieurs batteries ou fortins*, garnis chacun de 2 ou 3 pièces de 24.

Vous en avez connu un près du mât de signaux du Tréport ; un autre à la gare de marchandises ; un troisième à Mers même, entre la rue des Bains et la rue Buzeaux (2).

Moi-même, il y a longtemps de cela, trop longtemps, je me rappelle avoir été bien heureux de pouvoir trouver un abri, pendant une nuit d'orage, dans la poudrière du *fort Napoléon*, à mi-chemin du nouveau Brigton et de la pointe du Hourdel. Je ne l'ai jamais revu depuis, ce fort ; je sais seulement que la foudre l'a grandement endommagé, en 1872, et que la poudrière a disparu. Encore un effort du temps ; et un antiquaire d'occasion, comme j'en connais intimement, y verra,

---

(1) Le lieu de débarquement n'était pas davantage *Bléville*, près de Sainte-Adresse, quoi qu'en ait dit alors le Moniteur Officiel. M. Thiers, en rapportant le procès de Pichegru, a rétabli la vérité historique sur ce point.

(2) Pendant cette période, un S*r* Delahaye, brasseur à Amiens, était attaché comme canonnier à la batterie de Mers (Communication de M. C. Le Bœuf de Mers). — Le dernier garde de ce fortin a été M. Vernerey, garde du génie, habitant actuellement Mers.

soyez-en sûr, des vestiges d'un oppidum ou d'un camp Romain.

Dans les années qui vont suivre, Mers ne compte guère dans l'histoire, où il ne figure plus que comme une sorte de paria déshérité à côté d'Eu et du Tréport, seuls bénéficiaires des faveurs royales. Ce n'est en effet que par accident, si, le 9 septembre 1838, Mers put voir le simulacre d'un *combat naval*, donné par l'escadre, commandée par l'amiral Rosamel (1).

Sous le règne de Napoléon III....

. . . .
. . . .

— Taisez-vous !

— Eh ! pourquoi donc, s'il vous plaît, mon cher Janvier ?

— Parce que je vous interdis de mettre le pied sur le terrain de l'histoire contemporaine.

— Mais enfin...

— Taisez-vous ! Vous n'aurez donc jamais de traditions, vous autres académiciens ?

— Je vous en prie, encore deux pages.

— Non ! non ! ! Bonsoir.

Et vous me laissâtes seul sur la plage de Mers.

C'était par une chaude soirée de septembre dernier. Déjà disparaissait vers ma gauche le soleil d'un rouge feu, entouré d'un nimbe, gros de tempêtes. Bien après son coucher, il semblait que la mer eût conservé la brûlure de ses derniers baisers ; des moutons fauves coupaient l'horizon de leurs zigzags capricieux.

---

(1) Eu, son château, son église, par M. B***, p. 31 ; Eu, Allard.

La nuit venait et, avec elle, un vent âpre, désordonné, tout plein de sautes brutales secouant, à les démâter, les barques et les flambards qui essayaient de rentrer au port.

Cependant, et par intervalles, j'entendais, au-dessus de moi, des chants très doux, où certains mots, *Uxor*, *Urbs*, *Patria*, revenaient à chaque verset.

Mais bientôt l'orage approchait ; la mer montait, déferlant furieuse contre le musoir de la jetée, éparpillant au loin ses paillettes phosphorescentes. De gros nuages noirs tourbillonnaient autour de moi. Tout était sombre, quand de grands éclairs ne venaient pas embraser l'église du Tréport.

Mais non ! c'est bien l'abbaye Saint-Michel ; elle est en feu ; je reconnais les moines effarés ou en prières.

Ici ce ne sont que soldats. J'entends, confondus dans le plus épouvantable vacarme, la plainte des Romains, les chansons des Northmans, les hurrahs des Anglais, les juremonts des Parpaillots et le *Deus Sabaoth* de Jean de Cherchemont.

Déjà ceux de la Croix et d'Ault sont accourus. Tous se battent comme des lions, frappant à tort et à travers. Leurs voix dominent le fracas des vagues, le sifflement des wyretons et le grondement des engiens à garrios.

Tout d'abord mon imagination effrayée avait cherché un abri derrière le souvenir du fort Saint-Martin. Mais, à ce spectacle, je m'enhardissais par degrés : le courage lui-même est contagieux. Moi aussi je voulais hurler ; moi aussi je voulais me battre. Au contact de tous ces héros, je me sentais grandi à leur aune.

Déjà plus rapproché du « franc marqué, » adossé à une barrière, je rassemblais mon énergie et mes forces pour m'élancer dans la mêlée.

« Garçon ! un bock ! » cria derrière moi un monsieur en complet molleton crème.

— Ah ! si c'est toujours cela l'histoire contemporaine d'une station de bains, je ne vous reproche plus, mon cher ami, votre « Taisez-vous ! » de tout à l'heure.

Après tout, mon pensum n'en sera fini que plus tôt, et, comme dit Voiture à Uranie,

Ma foi ! C'est fait !

Pour moi, oui ; mais pas pour vous qui m'avez promis de corriger mon devoir.

Soyez sévère ; de vous j'accepterai tout, comme je fais toujours d'un ami sûr, d'un savant distingué dont.....

— Oh ! non ; assez ! vieux jeu ! me dites-vous à votre tour.

— Merci, mon cher Janvier, de cette dernière interruption ; il me va mieux de vous voir simplement accepter ma plus cordiale poignée de main.

Oct. THOREL.

Amiens, le 15 mai 1891.

Mon cher Confrère,

Ne m'imputez pas trop le péché dont vous semblez aujourd'hui vous défendre.

Vous étiez animé d'un trop beau feu pour qu'il fût nécessaire de le souffler et je serais presque tenté de croire que vous aviez déjà conçu le dessein d'écrire l'histoire de Mers, avant mon défi.

Comme l'homme tenace d'Horace, vous l'avez exécuté.

Où moi, un peu historien de goût et de profession, j'avais à peine entrevu matière à quelques pages, votre plume a su écrire un volume tout rempli d'intérêt et d'humour.

Je ne vous chercherai pas chicane sur le procédé dont vous avez usé, pour ourdir une trame aussi fournie sur une chaîne bien fragile, et ne dirai pas, avec Montaigne : « Les advocats et les juges de notre temps, « trouvent à toutes causes assez de biais pour les « accomoder où bon leur semble ».

Mais votre cas est bien défini, à mon avis, par La Fontaine :

« Simonide avait entrepris
L'éloge d'un athlète ; et, la chose essayée,
Il trouva son sujet plein de récits tout nus. »

Hé bien ! vous avez imité la conduite du poëte de Céos et, devant une matière infertile et petite, vous avez, comme lui, sacrifié à Castor et Pollux. J'aime à croire que ces Dioscures reconnaissants ne vous seront pas moins favorables qu'ils le furent jadis à votre modèle, et que leur protection ne permettra pas à la falaise de Mers de laisser, un jour, ses crêtes menaçantes s'effriter avec fracas sur votre tête.

« Vous m'avez promis de corriger mon devoir », me dites-vous, et vous ajoutez : « soyez sévère ».

Non ! Cher confrère ; si je donne des avis assez volontiers, quand on me les demande, il n'entre pas dans mon caractère de censurer, encore moins de pontifier. Mais puisque vous paraissez y tenir cependant, voici les courtes réflexions que m'a suggérées la lecture de votre intéressante lettre.

La *comparaison que vous faites entre Sainte-Adresse et Mers* est fort ingénieuse.

Il n'y a rien d'impossible à ce que Mers ait eu un port, ne fut-ce même qu'une simple crique, comblée plus tard, par l'éboulement de la ceinture de falaises qui l'abritait.

La mer en a fait bien d'autres : témoin la disparition de l'isthme qui reliait autrefois la Gaule et la Grande Bretagne ; les îles Normandes de Jersey et Guernesey, où sous les flots qui nous séparent d'elles, l'on rencontre encore les vestiges de la Grande-forêt de Scissy (*Sissiacum nemus*).

Le Mont Saint-Michel au Péril de la Mer était en Bretagne ; le Couesnon, par sa folie ou plutôt les sables de la baie mobilisés sous la double action des marées et des vents d'équinoxe, l'ont mis en Normandie. Nous savons tous que l'Océan baignait autrefois Rue, Noyelles, Waben, Saint-Josse, que le flux montait jusqu'à l'Etoile et même plus haut et que le Marquenterre est une terre conquise sur l'humide élément par les labeurs de ses habitants.

Pour *l'étymologie de Mers*, vous avez sagement fait de vous rallier à celle acceptée par tout le monde.

Mers est, dans tous les titres, jusqu'au IX⁰ siècle, désigné sous le nom bien significatif de Maris.

Mars, Mammers, indiqués dans le dictionnaire topographique de J. Garnier, ne sont que des aberrations de géographes ou des erreurs de scribes auxquelles il n'aurait pas dû donner place.

En étymologie, croyez-moi, il faut s'en tenir à la plus ancienne dénomination qui est la seule vraie, la chercher dans des documents contemporains, et contrôler toujours les assertions des ouvrages imprimés, quels que soient les noms, la réputation et la valeur de leurs auteurs. C'est la trop grande confiance que les historiens accordent, souvent sans examen, aux travaux de leurs devanciers, qui perpétuent les notions fautives. Je l'ai appris à mes dépens : *Experto credo Roberto*.

Oui, il y avait des *salines à Mers* comme à Rue, à Waben, à Noyelles, etc. Les actes des comtes de Ponthieu en font foi, à plusieurs reprises.

Le comte Guy donna à Saint-Pierre d'Abbeville 60 muids de sel à prendre à Rue, le comte Guillaume 50 à l'abbaye de Cercamps, le comte Simon douze journaux de grève à l'abbaye de Longpont pour faire une saline auprès de Rue. Une ordonnance de Charles V, de 1383 fait mention du sel blanc des salines de Ponthieu. Un acte, confirmé par le comte d'Eu et par Tustinus, abbé de Saint-Michel du Tréport, mentionne, au XII⁰ siècle, la vente à l'église de Sainte-Marie de Briostel en Beauvoisis, de la moitié d'une saline au Tréport.

Comment ces salines prirent-elles fin ? Vraisemblablement par suite des misères que causèrent au pays la guerre de Cent ans, celle de la succession de Bourgogne et la rivalité de François I⁰ʳ et de Charles-Quint.

En effet, à cette époque, vous indiquez, vous-même,

que l'élevage des bestiaux était la seule ressource des Mersois. Les salines étaient donc alors abandonnées. Toutefois le souvenir de leur exploitation ne s'était pas effacé entièrement ; et ce fut peut-être une des raisons pour lesquelles la grande ordonnance de Louis XIV, rendue à Saint-Germain-en-Laye en mai et juin 1680, sur le fait des gabelles et des aides, fixa dans la généralité d'Amiens un des *greniers à sel d'impôt à Mers* ou à Ault. Le prix du minot y était tarifé à 41 livres, car la Picardie figurait dans le ressort des grandes gabelles.

Toutefois, cette dernière localité fut préférée à Mers, et le bourg d'Ault, en 1725, avait le grenier à sel, comme il possédait déjà le siège de l'Amirauté et des traites.

Que Merck, ce lieu totalement inconnu, qui aurait été la capitale du Marquenterre, ait reçu au commencement du XIIIe siècle, une *charte communale* de la part d'un comte de Ponthieu, peu importe.

Mais que Mers aurait-il pu faire de libertés municipales, sans commerce, peuplé de quelques pêcheurs ou saliniers, exilé à l'extrémité du Ponthieu ? Il dépendait sans doute encore de l'abbaye de Saint-Riquier, et l'histoire nous montre le clergé encore moins disposé que la féodalité à affranchir ses vassaux.

Rappelez-vous qu'à la veille de 1789, les chanoines de Saint-Claude, dans le Jura, avaient encore leurs serfs, et qu'il fallut la plume vengeresse de Voltaire, pour dénoncer cette anomalie immorale et anti-chrétienne de l'existence de familles d'esclaves au XVIIIe siècle. L'abolition définitive du servage en France ne fut pas due, comme on le croit communément, à la timide et restrictive ordonnance du faible Louis XVI, en 1779. Tout l'honneur en revient à la Révolution française, cette grande émancipatrice.

Vous, homme de loi, vous semblez vous étonner de la longueur des contestations au sujet des *Mayeuls*, terminées seulement d'hier par un acte législatif (1).

Mais ne vous rappelez-vous pas que, depuis la naissance de la Commune jusqu'à la Révolution, la ville d'Amiens fut presque constamment en désaccord avec l'Evêché et le Chapitre, et que le fameux procès de la seigneurie des Eaux de la Somme, commencé en 1283, suivi devant toutes les juridictions, se plaidait encore en 1787 ?

C'était le bon temps pour les juges, procureurs, huissiers, greffiers, sergents et recors ; et que Perrin Dandin était bien avisé, quand il disait à son fils :

> Hé ! Dandin, mon ami,
> Regarde dans ma chambre et dans ma garde-robe
> Les portraits des Dandins ; tous ont porté la robe ;
> Et c'est le bon parti. Compare, prix pour prix,
> Les étrennes d'un juge et celles d'un marquis.

La difficulté de la seigneurie des eaux n'était pas la seule question qui divisait la ville d'Amiens et le clergé ; et, au Moyen-Age, la ville avait eu encore contre lui de nombreux procès, à propos de l'assise des tailles et des fortifications.

Ce souvenir me revient à l'esprit à l'occasion de l'attaque de 1340, dont vous faites le récit à propos de l'évêque d'Amiens, venu, ce jour-là, pour son past, au prieuré de la Chaussée d'Eu, s'offrant à distance le spectacle du combat et retournant prudemment sur ses pas, non sans avoir toutefois béni les défenseurs du Tréport, à la vue du mouvement tournant qu'exécutaient les assaillants par Mesnival.

Puisque Révérend Père en Dieu, *Jean de Cherchemont*, aimait si peu à voir de près les Anglais, « anciens enne-

---

(1) Le 14 mai 1891, sur un lumineux exposé de la question, par M. Féd. Petit, le Sénat a adopté le projet de loi relatif à la délimitation des territoires de Mers et du Tréport (Voir supra p. 21 à 24).

mis du roi notre sire », comme disent les écrits du temps, pourquoi se montra-t-il, quelques années plus tard, lorsqu'après la défaite de Crécy on dût mettre les faubourgs de sa ville épiscopale à l'abri de leurs attaques, si opposé, lui et son Chapitre, à contribuer aux dépenses que réclamaient ces travaux urgents ? Il fallut « un mandement royal pour l'y contraindre, sans délai, faveur ou dispense, tellement qu'il ne fût plus besoin de recourir, à l'avenir à l'autorité du prince ».

Mais boum !!! voilà que le mot *d'artillerie*, inscrit dans le récit de ce combat, nous amène une dissertation inattendue, inattendue pas tout à fait cependant, car je la redoutais un peu. L'académicien n'a pu la lire sans tressaillir ; il s'est enflammé comme la poudre. Il n'a pas oublié qu'avant de devenir immortel, il avait été ingénieur et, en cette qualité, il a voulu savoir de quelle nature était cette artillerie.

Vous l'avez dit, cher confrère, le mot artillerie ne signifie rien considéré isolément, puisqu'il est déjà usité avant l'invention de la poudre. Or, dans l'inventaire des armes et munitions que possédaient alors les Eudois, je trouve des grands engins, des arbalètes à treuil, à pic, à cric, des arcs à main, des carreaux, des viretons ; ce n'est pas là, pour moi, de l'artillerie, dans le sens actuel du mot. Donc, pas de canons ici.

Laissons pieusement reposer au Musée de Dieppe, sous la respectable couche de rouille qui la couvre, la pièce de deux mètres de long que vous me citez et que je récuse, comme ayant jamais figuré au combat de 1340, elle ou toute autre.

Carreau signifie tout à la fois flèche, dard, balle, pavé ; le carreau flèche diffère du vireton en ce qu'il a trois pennes au lieu de deux ; pris dans le sens de pavé, il désigne tous les projectiles en pierre qu'on lançait avec des machines de guerre. « Ceux du Quesnoy déclicquè-

rent canons et bombardes qui jetaient grands carreaux », dit Froissard ; et quand, ce même chroniqueur nous parle, « au siège d'Oudenarde, d'une bombarde, mer-
« veilleusement grande, laquelle avait cinquante pieds
« de long, et jetait pierres grandes, grosses et pesant
« merveilleusement, et quand icelle bombarde décli-
« quait, on l'oïoit bien de cinq lieues loing par jour, et
« dix par nuit et menoit si grand noise au décliquer qu'il
« semblait que tous les diables de l'enfer fussent au che-
« min », je n'y vois encore, avec beaucoup de monde, qu'un engin comme une baliste ou une catapulte et non un canon. Puis quand on se servit de la poudre, on employa aussi des carreaux, c'est-à-dire alors des boulets de pierre.

Malgré les travaux très importants qu'a fait naître la question de l'origine de l'artillerie, elle laisse encore bien des problèmes non résolus. Suivant Villani, un contemporain, les premiers canons auraient fait leur apparition sur le champ de bataille de Crécy, bien que Froissard n'en fasse pas mention dans toutes ses versions, excepté dans celle du manuscrit d'Amiens.

Hume, l'historien anglais, semble accepter le fait, quand il dit que les Français en avaient aussi, mais que Philippe de Valois, dans sa précipitation, les avait, pour ne pas entraver sa marche, laissé sur ses derrières.

Les premières pièces d'artillerie, les bombardes courtes, grosses, frettées d'énormes cercles de fer et dont la fabrication cessa à la fin du XVe siècle, remplacée par celle des canons, n'étaient donc que des pièces de siège et non de campagne, et, par conséquent, difficiles à transporter sur des chemins assez souvent en fort mauvais état ou sur des plages de galets.

Pour bien démontrer que l'artillerie fut, longtemps après encore, une arme encombrante et peu maniable, c'est qu'en 1672, alors que les pièces de siège étaient : le canon de 48, le demi-canon ou couleuvrine de 24, la bâtarde de 35, la moyenne de 24, le faucon de 10, le fauconneau de 5 ; celles de campagne : la couleuvrine de 16, la couleuvrine bâtarde de 8, la pièce de régiment de 4, le pierrier de 3, l'ingénieur Allain Manesson Mallet, dans ses Travaux de Mars, cite ce fait que, pour la traction d'un canon, il fallait 20 chevaux et, pour son service, deux canonniers, 3 chargeurs et 20 pionniers ; l'artillerie de campagne n'a dû sa mobilité qu'à l'Amiénois Gribeauval.

Au XIV⁰ siècle, on ne fabriquait pas les armes à feu avec autant de célérité que de nos jours. Il n'y avait ni fonderies ni manufactures d'armes et il fallait les acheter à des marchands, souvent ambulants, voyageant de ville en ville pour offrir leur marchandise quelquefois d'occasion. Pour la première fois, on fait mention de poudre et de canons devant Puy Guilhem, en 1338, de canons à Crécy, en 1346, et vous voulez qu'en 1340, les Eudois, Tréportais et Mersois, fussent assez avancés dans l'art civilisateur de tuer leurs semblables, pour être déjà fournis de ces nouveaux engins de destruction ! Si le fait était vrai, le Livre Rouge eût parlé de trois bombardes et non de trois engiens.

Mais je crois que je disserte aussi à mon tour. Voilà ce que produit le mauvais exemple.

D'ailleurs, mon attention se fixe sur une nouvelle *confusion de Merck et de Mers*, où sont tombés deux savants que cependant je tiens en haute estime historique, comme travailleurs, instruits et consciencieux.

Oui, je suis de votre avis ; Louandre s'est trompé, et, après lui, M. de Belleval, en faisant tuer Morelet de Saveuse, le 20 Juillet 1407, dans un soi-disant combat à Mers entre Anglais et Français.

Le vieux chanoine La Morlière a seul raison contre eux. En 1407, on ne se battait pas dans le Ponthieu, mais dans le Calaisis en 1405 ; et ce fut pour apporter quelque remède aux maux que les Anglais faisaient aux Boulonnais, que Valeran de Luxembourg, comte de Ligny, de Saint-Pol et capitaine de Picardie pour le roi, vint mettre le siège : « devant un chatel nommé Mercq, à une grosse lieue près de Calais et en emporta de force la basse-cour. Il fut battu le lendemain par la garnison de Calais qui le mit en déroute, lui tua environ soixante hommes, entre autres deux picards, messire *Morelet de Sarcuse* et messire Courbet de Rubempré, et lui fit à peu près le même nombre de prisonniers, notables, chevaliers et écuyers, dont le seigneur d'Hangest, capitaine de Boulogne, le seigneur de Dampierre, sénéchal de Ponthieu, le seigneur de Brimey (Brimeu), le seigneur de Rambures, etc ». Suivant Monstrelet, auquel j'emprunte ces détails, le combat de Mercq aurait eu lieu vers le mois de mai 1405 (1).

Il existe à Merck, à quelque distance de l'église, une énorme butte, en forme de cône tronqué, qui paraît avoir été construite pour servir de base à un château mesurant 75 mètres de diamètre apparent à la base, avec une hauteur moyenne de 10 mètres. Les fouilles faites dans le voisinage ont amené la découverte de beaucoup de squelettes humains, d'ossements de chevaux et d'objets antiques dont malheureusement on n'a pas tenu note. Le savant abbé Haigneré y croit voir le château de Merck emporté d'assaut et brûlé avec tout le village y attenant, en 1229, par le comte de Flandre Ferrand, dans ses dernières guerres.

Le château qui lui succéda (celui qu'assiégeait Valeran), fut-il rebâti sur le même emplacement ? Je ne saurai le dire, faute de renseignements (2).

---

(1) Enguerran de Monstrelet, liv. I, chap. 21.
(2) Voir dict. historiq. et archéolog. du Pas-de-Calais, arrond. de Boulogne. t. II, p. 233-253.

Je m'aperçois que, si je me laisse aller ainsi à contredire ou plutôt à paraphraser votre lettre, la mienne ne finira pas de sitôt. Mon encrier se sèche, mon papier diminue.

D'ailleurs, moins heureusement doué qu'un auteur que vous avez eu dans les mains, je ne peux pas dire comme lui : « Nourri de bonne heure des plus beaux « souvenirs de l'histoire... je n'ai qu'à résumer les « matériaux déposés dans ma mémoire ». Ma mémoire n'est infaillible qu'appuyée sur les preuves de ses souvenirs. Il me faudrait donc remuer tous mes livres pour justifier mes critiques ou mes réflexions.

Donc : *Sat prata biberunt*.

Deux mots et je finis.

Vous vous demandez pour quelle raison vous trouvez toujours accolés les noms des *deux Anguier*. Je ne le sais pas plus que vous, puisque leur collaboration artistique s'est bornée aux travaux du magnifique mausolée élevé dans le couvent de la Visitation, aujourd'hui chapelle du Lycée de Moulins, au duc Henri II de Montmorency, par la piété de sa veuve la princesse des Ursins. Est-ce à cause de leur amitié et de leur longue cohabitation ?

Puisque l'on réunit ainsi les noms de François et de Michel, pourquoi passer sous silence celui d'un troisième Anguier, Guillaume (1628-1708) qui, peintre aux Gobelins et peintre d'architecture, fut aussi un artiste dans son genre ?

Pourquoi, en nommant l'auteur du poëme du roman de Rou, l'appelez-vous *Robert* ou plutôt *Richard Wace* ? C'est sous ce premier prénom que je l'ai toujours entendu désigner, et encore ce prénom lui est-il appliqué, pour la première fois, par le docte évêque d'Avranches, Huet, sans qu'on sache sur quelle autorité. Dans les divers manuscrits de ses poëmes, il est indifféremment nommé Vace, Wace, Wacce, Wistace, etc...

Votre fort *Saint-Martin*, dont j'ignore l'emplacement exact, est-il cette batterie de quatre canons sur le bord de la prairie de la Bresle qui croisait ses feux avec la batterie du Tréport dont elle était distante de 6 à 700 toises, comme l'indiquent des mémoires du lieutenant-général, comte de Vault, au XVIIIe siècle ?

Je ne veux pas vous faire attendre plus longtemps le plaisir de livrer votre lettre à l'imprimeur et le moment heureux de dire, comme Ovide :

Vade liber, verbisque meis loca grata saluta.

Dans quelques jours bientôt, au doux farniente des villégiatures, nous verrons à l'ombre de la haute falaise, pour charmer les repos de la chaleur du jour, le touriste désœuvré et les belles baigneuses oisives *Thoréliser* à l'envi, et l'auteur, enrichi de documents nouveaux qu'on lui apportera, alors qu'il n'en aura plus cure (c'est toujours ainsi que les choses se passent), préparer déjà sa seconde édition.

Je ne suis ni poète vaticinateur ni somnambule extra-lucide, mon cher confrère ; mais c'est la prédiction que j'ose vous faire en toute sérénité de conscience, si Mersois et Mersoises, autochtones ou de passage, partagent le plaisir que m'a causé la lecture de votre lettre.

Agréez donc tous mes remerciements pour cette intéressante communication.

A. JANVIER.

AMIENS — IMPRIMERIE NOUVELLE, 13, RUE GRESSET

www.ingramcontent.com/pod-product-compliance
Lightning Source LLC
Chambersburg PA
CBHW070246100426
42743CB00011B/2149